天下文化

BELIEVE IN READING

Conversations With
The Remarkable People Shaping Our Century

# 思想經濟學

## 當代 136 位精英的思想交鋒

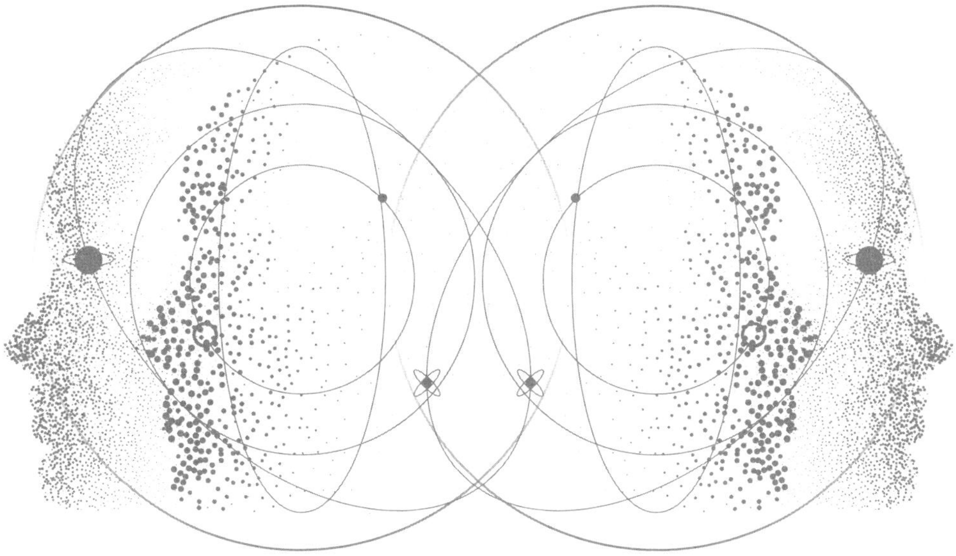

# Thought Economics

Vikas Shah

維卡斯·夏哈——著 陳重亨——譯

# 跨域好評

「對當今最重要的問題，進行刺激、機智和愉快的討論。」

——哈佛大學心理學系教授、《再啟蒙的年代》（*Enlightenment Now*）作者　史迪芬・平克（Steven Pinker）

「如果你重視擁有不同想法的人，就應該閱讀《思想經濟學》，挑戰傳統思考結構就是這本書的宗旨。我很高興有人寫出這本書，也樂意推薦！」

——《勇氣》（*Brave*）作者　蘿絲・麥高文（Rose McGowan）

「《思想經濟學》發人深省，而且真的會刺激你產生一些想法。這不只是理解，而是理解自己如何理解。維卡斯・夏哈這本書帶來重大的影響，也塑造出令人興奮的新事物。」

——國際人權律師，《十種人性》（*The Ten Types of Human*）作者　戴斯特・狄諤斯（Dexter Dias QC）

「這本書採訪很多厲害的人，一定要讀！」

——英國喜劇演員、作家　大衛・巴迪爾（David Baddiel）

「本書匯集許多與傑出人士的對話，令人難以置信。深入了解這些知識和見解是一種樂趣。」

——美國時尚企業家　蘇菲亞・阿莫魯索（Sophia Amoruso）

「這本書採訪到許多塑造世界的人，實在是太厲害了！」

——英國米其林三星名廚　赫斯頓・布魯門索（Heston Blumenthal）

「這本書採訪到全球最有影響力的大人物，從企業家、運動員、世界領袖到演藝人員，非常精彩！」

——NBA達拉斯獨行俠老闆　馬克・庫班（Mark Cuban）

# 致謝

感謝我的好太太Rachael Shah，她是最支持我的啦啦隊長，一直鼓勵我順著自己的心意邁進。感謝Danny Donachie，十年前與我在頂樓的陽台上喝茶，為我播下思考種子。感謝Lesley O'Mara、Jo Stansall和麥可・奧瑪拉圖書公司（Michael O'Mara Books）的團隊，在出版過程中給我許多的支持與指導；感謝Joel Cohen和Hayley Olsen從二〇〇七以來為我的採訪內容進行編輯、修訂和審查等工作；感謝Luke Bainbridge以其新聞專業幫我精雕細琢，讓這本書更加完美。

感謝每一位接受採訪的貴賓，他們拿出自己最寶貴的時間與我對談。

感謝大家！

推薦序

# 思想與書，是大疫時代最好的心靈補給

——英國作家、詩人　雷門・西舍（Lemn Sissay）

為什麼要取名為思想經濟學？作品要取個好名字，當然最好是獨一無二，以免透過搜尋引擎找到一堆同名的垃圾，讓人以為它是哈薩克北部裸體瑜伽的異教崇拜。維卡斯的「思想經濟學」網站，從創始到命名都是獨一無二。這個名字真是選得太好了。

我在寫這篇推薦序時，英國正處於封鎖狀態。在新冠病毒大流行之前，「封鎖」（lockdown）這個詞原本是指囚犯被關在牢裡，獄方人員一間一間搜查有沒有私藏違禁品。現在這個詞變成我們把自己鎖在家裡，只能探索自我，逐一搜查。此時新冠病毒還在全球肆虐，橫行無阻，不管任何國界，也不管你是哪國政府、哪個組織或你是什麼人。這個病毒簡直跟恐怖分子沒什麼兩樣，來無影去無蹤，所到之處都能造成慘重死傷。現在我們戴口罩、躲在家裡，都是為了保護自己，但最重要的是，我們要面對自己。這一切都要靠自己，靠我們的思考和想法。這就是我們自己的經濟學。

大家要抗壓和保持彈性，要懷抱希望，要照顧家人，還要提振經濟。這時候需要藝術，也需要政府和朋友。這本書就是談到這些主題。這些事物都是因為我們的需要而有價值。我們會更清楚看到哪些東西最珍貴、最需要維護，又有哪些東西必須捨棄。「我希望大家早上醒來，都會想一想自己的目的是什麼。這是關於生存最重要的問題！」（出自西方行為藝術教母瑪莉娜．阿布拉莫維奇〔Marina Abramović〕）。

不過關在家裡也有好處，對世界各國政府和社會都有好處。我們現在已經體驗到要把別人的安全福祉擺在賺錢和戰爭之前。關在家裡的另一個好處是，「書本」現在變成大家的慰藉。紙本書再次回到它應有的地位，重新與電子小螢幕並駕齊驅。自從二十年前電腦網路開始盛行之後，書籍讀物就遭遇到無比沉重的挑戰。現在又有更多人彼此對話和交流。「思想經濟學」部落格的出現，正是這場革命的開始！

維卡斯在這本書中跟幾位世界名人對話，既鼓舞人心又富有啟發性。我們如果對偉大的心靈提出好問題，自然就能開啟一場精緻而豐富的探索。這本書每一頁都是一場思想交鋒，都是光憑直覺難以察覺的明智洞見。維卡斯與全世界最聰明者的問答共分成七個主題。例如在第七章的西洋棋大師加里．卡斯帕洛夫（Garry Kasparov）談到民主：

現在有愈來愈多年輕人對政治產生興趣，這應該要感謝川普，是他喚起大家對政治的關注。「民主」不是理所當然、永遠都不變的東西。美國前總統雷根（Ronald Reagan）曾說過：「自由，很可能經過一個世代就滅絕了！」我們現在的民主機制早就生鏽，因為大家都以為它會一直自行運作。

你看，這是俄羅斯西洋棋大師引用美國前總統的話來描述當前世界正在發生的事情。這也讓我想起英國記者馬修．賽義德（Matthew Syed）在《叛逆思考》（*Rebel Ideas*）一書中帶來的激盪，他鼓勵企業要包容不同的思考，才能激發出創新的想法。這本書也一樣，不只在企業界，還有讀者諸位，也都要領會各種想法相互激盪的重要性。《思想經濟學》滿足我們迫切的需要，跟現在這個時代可以說是完美契合。各位從每章開頭的引文就能領會這一切。

我要很驕傲的告訴大家，維卡斯．夏哈是我的朋友。我打電話給他時經常聽到他說：「我現在正在採訪，不能跟你說話。」大概一週以後，我的電子信箱就會收到訪談內容。也許他是訪問《赫芬頓郵報》（*Huffpost*）創辦人雅莉安娜．赫芬頓（Arianna Huffington），或是跟全世界最富有的慈善家梅琳達．蓋茲（Melinda Gates）對話。他的訪談名單讓人目不暇給、瞠目結舌，包括諾貝爾獎得主、音樂製作人、各國的藝術家、粒子物理科學家，還有幾位政界領袖。我問他：「你是怎麼找到這些大咖來採訪？」他回答說：「我打電話給他們。」因此我知道這個人非常不可思議，才能做到這些不可思議的採訪。

如果採訪發問是門藝術，那麼維卡斯就是畢卡索境界的發問大師。有人批評畢卡索，說他畫不出一棵樹，據說畢卡索的回答是：「他說得對。我畫不出一棵樹，但我可以畫出你看到樹的感覺。」維卡斯的採訪就把那些細節描繪得清清楚楚，彷彿要把每塊石頭翻過來瞧瞧背面是什麼。有時候他將總理、首相的回答，與藝術家的回答放在一起，如此一來各位就可以相互參照、觀察，看看那些回答包含什麼真知灼見。讀者也可以體會到，聆聽大師對話，本身就是一種令人愉悅的享受。例如電影製作人保羅．葛林葛瑞斯（Paul Greengrass）談到藝術創作的起源：

大家一起去電影院看電影，那種感覺就是美。大導演大衛・連（David Lean）*說他小時候去戲院看電影，看到射向大銀幕的那道光，就像是從大教堂窗子射進來的一道靈光，帶有一種虔誠的敬畏。那裡頭好像有什麼，而電影就是帶著一種神祕與魔力。

這本《思想經濟學》就像《巴黎評論》雜誌（*Paris Review*）一樣，你讀完之後還會收藏很多年。這裡面的智慧交鋒與靈光激盪可以陪伴你一輩子。不管你是企業執行長，還是公司清潔工，都能在這本書中找到適合你的真知灼見，這些觀念和想法可以改變你的生活，鼓勵你繼續向前邁進。這裡頭沒有絲毫的誇耀與做作，採訪內容也都很容易閱讀和吸收，非常營養又滋補！像現在這種時候，《思想經濟學》正是全世界都需要的維他命。

* 編注：英國影史上的偉大導演，曾執導《桂河大橋》、《阿拉伯的勞倫斯》、《齊瓦哥醫生》和《印度之旅》等電影。

前言
# 求知者的奇蹟之旅

我本來並沒有要寫這本書。我既不是記者，也不是專業作家。我只是充滿好奇，喜歡探索一些事情。我小時候上課時總是不停的發問，就算下課休息也不放過老師，鍥而不捨的追問一些簡單的問題，像是：「宇宙到底是怎麼運作的？」

我平時是在企業界工作，所以你可以說我是企業家。但我不想太過吹噓，讓大家以為我像是閃閃發亮的黃金新貴，出門有豪華轎車與私人飛機接送，手上戴著珠光寶氣的名表，出入建築大師設計的豪門大院。我不是那個樣子。我經營的企業只是一家小公司而已。

不過我的資歷，也就是這些年一路走來的歷程，完全無法以財務數字來說明。我在十四歲的時候就開創第一份事業，按照現在科技產業的創業標準，十四歲已經算是相當大的年紀，但在那個年代，我在這樣競爭激烈的產業中我還算是相當生嫩。我創辦的公司叫作「奧特碼」（Ultima Group），專門從事網站設計和軟體開發，另外也兼營一個小型電子媒體《獨立軟體評論》（*Independent Software Reviews*），這可說是最早的網路雜誌之一，我和同事一起評論電玩遊戲、軟體程式和音樂作品。當時我們其實沒想過自己在線上出版的領域上超前多少，但這個媒體才推出沒多久，每個月新增用戶就超過五十萬。在那個電腦網路才剛開始發展的時代，這樣的熱度相當不得了。於是我們建立全世界第一個內容管理系統（那時候叫作「扁平式套裝網站」），自己生產網頁內容發送給全世界。這個網路出版機制做得很成功，但我們卻沒有把握機會善加利用，我想原因是當時我們都還是小孩吧。後來在二〇〇一年，全世界第一個網路泡沫破滅，這家公司（還有那個小媒體）也難以為繼，戛然而止，但我想要書寫的欲望卻從來沒有完全消失。

我這一代大概是最後一個會對長篇大論感興趣的世代。我們的成長期都和報紙、雜誌和書籍相伴，與將全通路影片（omnichannel video）、podcast和社群媒體視為標準配備的新世代完全不一樣。我們也看到科技逐漸主導經濟、文化與社會的交流，觀念和思考成為推動全球的新引擎，讓整個世界迅速變化。我們經常將市場、經濟、文化、社會和政治當作身外之物來討論，但這些其實都是我們觀念的產物，是我們想出來的東西。它們並非外來，而是出自於我們！這是我經過好長一段時間才得到的頓悟。

時間快轉到二〇〇七年。因為到處都找不到有內容的長篇文章，讓我覺得很沮喪，為了克服這種失落感，也為了滿足自己的寫作欲望，我開創一個部落格。這個部落格甚至沒有專屬的網域名稱，只是利用Google提供的免費平台：「Thoughteconomics.blogspot.com」。「思想經濟學」（Thought Economics）這個名字就是如此誕生。因為這個世界就是思考、概念和構想的產物，都是我們所想出來的，而我開部落格就是要對此進行探索。我原本只是計畫不定時發表自己覺得有趣的議題並寫成長篇文章，以及選擇我多年來遇到或認識的有趣人物來訪談。沒有設定策略，這只是我在日常工作之餘的愛好而已。我也不想對採訪內容進行太多編輯修訂或刻意塑造觀點，只是單純記錄訪談內容，按照原始的對話來發表。

後來我貼出來的採訪文愈多，訪客流量也變得愈大，很快就看得出來，的確有很多讀者還是喜歡閱讀長篇大論，以及未經剪輯、原汁原味的採訪內容，而且這些文章不是藏在付費牆後面（這一點很重要）。到了二〇〇八年，我開始收到很多讀者的電子信件回饋，他們來自世界各地，有些讀者也提供許多議題和採訪對象的建議，對我而言這又是新的大發現。於是我做出一個關鍵決定（新創企業最愛這麼說）：我付錢買下「Thoughteconomics.com」網域名稱，也真的做一個合適的網站（雖然還是在網路平台WordPress底下），也開始認真尋找我認為真正影響時代的知名人士進行採訪。

我最早採訪的大牌之一，是「維基百科」創辦人吉米．威爾斯（Jimmy Wales），不過這次經驗給我一個很重要的教訓：一定要做足準備！吉米是第一個願意為我這個簡陋小站付出時間的知名大人物，所以我把想問的問題傳過去，結果他的回答也很簡單：「這些問題我以前都回答過了，再試一次吧。」從此以後，我更努力研究每個採訪對象，也跟他們一起合作，在他們最熱愛也最感興趣的領域中找出熱門議題。

就這樣進行幾個月以後，簡直像是奇蹟降臨似的，我接到伯茲．艾德林（Buzz Aldrin）*的電話，他是我很敬佩的太空英雄！在此之前，我在事業上也碰過不少緊張時刻，但是都比不上那天在英國傍晚時間發生的事。我在辦公室裡等電話，而且是等伯茲．艾德林親自打電話給我。那次的採訪進行得很順利，不過最後發生一件小插曲，讓我察覺到自己正在做的事

* 編注：繼阿姆斯壯之後，第二位踏上月球的太空人。他也是電影《玩具總動員》巴斯光年這個角色的雛形。

到底有多麼不尋常。我採訪艾德林那天，我父親約我晚上一起用餐，所以當天他也在我的辦公室。電話採訪途中，他過來跟我說話。

爸爸：你要不要喝杯茶？

我（電話按靜音）：不用！謝謝老爸。我正在忙……

爸爸：你在跟誰講電話？

我：伯茲．艾德林。

爸爸：開什麼玩笑！（他哈哈大笑走進廚房。）

當我在新網站快速成長而感到振奮的時刻，差一點就忽略這些機會是多麼難得，多麼不可思議！是朋友和家人對我採訪的對象感到難以置信，才讓我意識到自己多麼榮幸，竟然能打電話採訪到這些全世界最厲害、最有趣的人。

我貼出與艾德林訪談的文章以後，有間大報社的記者寄電子信件來問我：「你是怎麼約到他的？我們努力了好久都約不到！」我經常收到這個問題，老實說，我也不知道。我就只是向對方提出邀請而已。當然，各位看到的採訪文章，其實背地裡往往多次遭到拒絕，那是大家看不到的。照我自己的估算，大概是邀約二十次才會成功一次，所以有十九次都是遭到拒絕。有的拒絕可是非常不客氣，例如我在寫這本書的時候曾經聯絡一位美國領導專家，對方的辦公室竟然跟我說：「貴網站上的採訪大都是假的吧？很抱歉，這可不行。」這個回覆讓人很氣憤，但我還是提醒自己，我要求採訪的這些人本來就受到層層保護，他們身邊有很多人，以免浪費寶貴的時間。從很多方面來說，「思想經濟學」可說是我意志決心的展現，向大家證明，只要有決心、有毅力，什麼荒誕不經的野心夢想都能實現！

當出版社邀請我把這些採訪內容編寫成一本書時，我仔細研讀其中最喜歡的訪問稿，發現提問與回答之間出現一些共通的主題，讓我特別有共鳴。首先是關於身分認同和「我是誰」這個永遠讓人想不透的問題，我們活在這個世界上有什麼目的、我們在世界上處於什麼位置等等。從這裡又衍生出許多文化上的問題，包括將我們聯繫在一起的藝術、音樂、文學，以及種種會刺激和塑造我們對於身分與歸屬方面的想法。從「歸屬感」延伸擴展，會發現社會當中的基本偏見。由於我們對於身分和歸屬的選擇，各式各樣的偏見、歧視帶來種種折磨、痛苦和不平等，這些往往就是我們在人類歷史脈絡中看到可能造成衝突的原因。不過在這些明顯的挑戰之外，我們的社會在和平建設與這個時代最偉大的「民主」政治試驗，都獲得巨大的進展。民主創造出政治、法律和經濟體制，企業家又在這個體制上研發創新，提出種種構想、促進商業活動，為經濟創造支撐基礎，提供就業和機會，也解決許多最緊急迫切的挑戰，推動世界向前邁進。但如果沒有「領導」的運作，這一切都不可能發生。而我做的每一場訪談，也都會反映出領導能力的種種特質：激發人心、凝聚眾志，實現種種不可能的超能力。

在我提供的採訪篇章之間，無疑還是留下許多空白與不足。也許有人覺得還是欠缺某項重要議題，或是還有哪些重要人物沒有採訪；也許覺得還有某些重要觀點沒有談過，或是有些重要的真相沒有說出來。但「思想經濟學」還是會向前邁進，繼續發展新的採訪實錄。我對於維護多元思想和多元觀點一向充滿熱情，也必定會盡最大的努力，在我這個網站上表現出這份精神。

人類最好和最壞的表現，其實也都來自思想和思考。現在，我們對全球的文化、社會、經濟和政治都感受到許多不安，大家不只要公開而坦誠的討論和對話，也要盡量吸收各種知識和意見，深入理解和探索當前的問題，而不是浮光掠影、空泛解讀，或者是在推特和臉書上吵架。

秉持著促進深度理解的精神，我承諾從這本書的版稅至少提撥一萬英鎊，捐贈給以下兩個機構：第一個是我自己負責的國際慈善機構「戰地之中」（In Place of War），這個組織已經在遭到戰亂蹂躪的三十個國家推展工作，利用各種藝術活動、研究調查和企業精神來持續建立和平、提供機會；第二個是曼徹斯特大學，這是英國史上第一間城市大學（civic university），曼徹斯特會成為全世界第一個工業城市，也跟這間大學的設立有關係；現在，曼徹斯特大學在許多重要領域的深度研究也足以改變世界。這兩個機構都是慈善組織，也都致力於汲取知識和思想的力量，為我們照亮改變世界的路徑。

我很榮幸可以向大家分享這些訪談，各位如果也想分享自己的回饋意見，或者想建議新的採訪議題，歡迎隨時寄電子信件給我：「vs@thoughteconomics.com」，或發送訊息到我的推特帳號：「@MrVikas」。

維卡斯・夏哈，大英帝國五級授勳（MBE）

二〇二〇年七月，於倫敦

www.thoughteconomics.com

# 第一章

# 身分

## 我們是誰

現實世界並不只是各種屬性的事物集合在一起，而是各種相關資訊彼此影響的互動關係。

——理論物理學家卡洛．羅威利（Carlo Rovelli）

你到底是誰呢？按照自然法則來說，你就是一袋水。這個答案聽起來好像平凡無奇，但各位如果了解地球形成的四十五億年以來，地球上的水一直維持穩定數量，就會知道你、我和身邊的每一個人，其實都是一袋非常古老的水，而人類體內的水也一直在海洋、河流與森林之間不斷循環。當然，我們也可以說是一袋別的東西，像是一袋物質或一袋原子。各位也許還是覺得這樣的回答不夠震撼，但各位可曾意識到構成我們的這些物質，其實也都是在千百億年前的星雲深處中形成的，後來經歷沒人可以完全了解的漫長過程，最後才變成你、我這種奇特的超級大猿，我們足夠聰明，會去思考自己是從何而來，又想知道自己在宇宙之中處於什麼位置。

當我們說到「我」，甚至是自己是誰的基本問題時，也都有相同的困惑。我們的身體每天都在變化，許多細胞和組織在替換重生，我們的心理和智能也一直在發展和變化。比方說，各位剛出生時的身體細胞，其實到現在很多都已經不存在，而我們大腦中的各種連結組織，經過十年後也會變得非常不同。所以當我們說到「自己」，其實是一個從過去一直延續到此刻的連續經驗。每個人都是由現實世界中的獨特經歷塑造而成，我們的種種體驗都是個人獨有，這個事實也讓我們每個人在時間之流中成為獨特存在的個體，展現跟其他個體完全不一樣的現象。從這個角度來理解自己很重要。我們每個人都是一場獨特而美麗的生活實驗，都有足夠的自我意識來觀察自己。關於我們自己的這場實驗，都能透過不斷學習來獲得新知。簡單一句話就是：活到老，要學到老。活著就是要學習，這點特別重要。在歷史的長河之中，深度思考和發現自我大都屬於知識分子或在宗教、政治和貴族領域中具有統治地位的人的課題。其他人只能乖乖聽話、俯首貼耳才算得上「有用」，而且行事作為還不能太過出人意表。

但是，隨著科技方面的種種進步，我們人類也愈來愈千變萬化。現在，公民不再是由我們「做什麼」來定義，而是要成為能夠學習、會提出質疑和持續成長的個體。這種在各處瀰漫的新文化，也為人類創造出許多創新的機會；我們可以用來探索自己身分和能力的方法，是過去無法想像的。比方說，現在各種人造電腦構成的網路世界擁有龐大的知識總量，這是一九五〇年代的人無法想像的。而且，還有誰料想得到我們竟然發展出高深莫測的生物科技，破解自身DNA的祕密；或者，儘管有幾十億人住在欠缺食物和水的社區，還是可以透過數位的方式接受教育和學習。這些事物都是過去難以想像的，但短短半個世紀不到，現在都被視為理所當然。如今整個世界在社會、文化和科技上的變化，正在迅速加快步伐，這表示我們人類的處境，即使只經過短短十年，都會變得跟今日大不相同，而且我們在認知、情感和精神上也必定需要一套跟現在完全不同的運作機制。

了解自己的身分和我們是誰，對我們如何看待世上其他事物非常重要，所以這本書的探索也要從這裡開始。我在這一章跟幾位藝術家對話，他們的作品都是在解釋我們在世界上的位置。我也採訪幾位精神領袖，他們對於信仰的敘述也是我們人類共同的經驗；而幾位學者的調查和研究，對我們了解生命的起源很有幫助。我還採訪幾位知名的物理學家，聽他們談談人類在整個宇宙的位置。但如果不深入探索我們這個時代的故事，對於身分的理解也不會完整，所以也要跟大家分享我和一些鼓舞人心的作家的對話，這些作家對「我們是誰？」都有非常深刻而美麗的描寫。

# Q為什麼身分很重要？

**克瓦米・安東尼・阿皮亞**（紐約大學哲學和法學教授、作家）：

身分在本質上包含一些關鍵要素。我們在思考時都會運用標籤，不只我們會對別人這麼做，別人也會如此。標籤為我們提供一種思考、感受和行事的方法，但是運用標籤來辨別和思考也會造成一些後果。我們在社會中發現標籤會影響他人對你的態度，同時也會影響你對他們的看法。對於我們這些擁有身分的人，標籤讓我們知道自己是誰，幫助我們思考自己該如何表現、歸屬於哪一類、要跟誰團結合作、會跟哪種人發生衝突、區別誰是自己人、誰是外人。其中有些運作當然會導致負面的結果，但是身分認同在塑造自我這方面還是具備正面的作用。現代生活允許我們擁有多重身分，對擁有多重身分的人會有更多期待和作為。但現代社會中的我們可以拒絕特定的標籤，說：「我不是男人！我是女人！」或是「雖然我是男人，但不一定就是那個樣子，男人也可以是怎樣……」

# Q 我們在這個世界上要怎麼找到自己的身分？

**艾莉芙·夏法克**（作家，女權運動者）：

我一向對於身分政治（identity politics）抱持著批評的態度。看到自己的同溫層，大致是自由左派的人都在護衛身分政治，說它是一種進步力量，尤其是年輕人，真是讓我很沮喪。它一點也不進步！身分議題對於提升政治意識也許是好的開始，但這不是我們的目的，更不是最後的目標。我們對於部落本能（tribal instinct）的回答，不應該又回到另一個部落去。正面挑戰部落主義才是前進的道路。當我看著自己，就知道自己不會局限在一種身分上，而是有多重的歸屬。我是伊斯坦堡人，所以不管我去哪裡，心裡都會帶著伊斯坦堡。我依戀著一水之隔的愛琴海，所以希臘文化也與我的心如此靠近。我屬於安那托利亞（Anatolia）和它所擁有的傳統與文化，包括：亞美尼亞、塞法迪猶太人（Sephardi）、阿列維教派（Alevi）、庫德族、土耳其和亞茲迪族（Yazidi）。這些我都欣然接受。我屬於巴爾幹半島，包括：保加利亞、羅馬尼亞、塞爾維亞和斯拉夫。我也屬於中東，我就在黎巴嫩、伊朗、埃及和伊拉克的旁邊，跟他們有許多共同點。還有，我一出生就是個歐洲人，而且我選擇歐洲的核心價值。我是個倫敦人、英國公民、世界公民，從精神面來說是個地球人。我也是個母親、是作家、是講故事的人、是女人、是居無定所的遊牧族，是神祕主義者、是不知道有沒有神的不可知論者，是雙性戀者，也是女權主義者。就像美國大作家惠特曼（Walt Whitman）說的「我包含著很多種人」，我們都包含著很多種人。

## Q 身分如何塑造社會？

**克瓦米・安東尼・阿皮亞**（紐約大學哲學和法學教授、作家）**：**

階級與你的社會身分、與你落在哪個社經地位這些真實客觀的事物聯繫在一起。從某些方面來說，我們的社會在經濟上愈來愈趨於兩極化，那些在體制中表現出色的人（所謂的上流人士）要面對的挑戰之一，就是讓大家忽視身分的力量，分散人們對身分的注意力，因為底層階級的人數比較多，如果大家團結起來，採取行動改善不平等，上層的權力就會遭到剝奪。所以，我一直很困惑，為什麼階級沒有在政治方面發揮更大的作用。我們運用身分塑造自己，依靠自己與他人的異同來定義自我，但我們必須對這一點保持警覺，否則就會像過度強調性別一樣，太過重視身分的區分。性別意識強調男女有別，但是男性和女性其實也很相似。我們已經努力了好幾個世代，要消除性別歧視和父權傳統造成的不良後果（在這方面，性別議題可以跟白人至上論等量齊觀）。我們在體制上一直想要抹除這些分歧和區隔，但還是一再重蹈覆轍。所以說，我們無法擺脫身分，但可以改造身分。

## Q 為什麼很多人依靠職業來建立身分？

**蘿絲・麥高文**（美國女演員、平權人士）：

我記得有一天我突然了解，光是靠一張顯示職業的商業名片，並不能確定那個人是誰，或他們實際上在做什麼。其他不是為了賺錢而從事的活動，比方說你的興趣和嗜好，也可以表現出你做了什麼，從某些方面來說，這些特點不是更有價值嗎？當然，這兩者也可以合併在一起，不過大多數的人還是會覺得「其他」活動只是消遣，是「沒用的才能」，因為不能拿來賺錢。但是這些才能其實會幫助你定義自我。四年前，「#MeToo」運動興起，我就想要推動社會發展，看看我們能不能對整個社會的思想結構持續施壓，打斷那些一再發生、不停重覆的對話。這有點像是要讓整個文化重新開機。

---

當大家聚在一起時，聽到最常出現的話題總會讓我覺得很有趣。如果有人問說：「那麼，談談你自己吧。」對方的反應往往是從自己的職業開始說起：「我開公司」、「我做生意」、「我是律師」、「我是醫生」等等。當網路泡沫破滅的時候，我開的第一家公司倒閉，那時候我才突然發現光靠自己做什麼工作來定義自我，真的很危險，也非常不足。我們可以做的事情，絕對不只局限於工作和職業，還有很多更有價值的事情。長久以來，只

要我們提出問題，宗教和靈性就是答案的來源，為幾十億人提供撫慰和解釋。我出生在一個虔誠的印度教家庭，爸媽和整個家族在面對日常挑戰時，往往會轉向宗教來尋求應對的答案，這些都是我親眼目睹的經驗。對我來說，雖然我的學校和很多英國學校一樣，都建立在信仰的基礎上，但同時也扎根於科學和對世間萬物的研究，所以我的世界觀是建立在一種對科學與宗教的答案抱持相同尊重的微妙視角上。

## Q 活著的意義是什麼？

**薩古魯**（印度瑜伽大師兼作家）：

不是每個人都能活出一樣的境界。人生有許多不同的面向，我們每個人也都有不同層次的敏感度和感知能力，很不幸的，並不是每個人都能達到相同的境界，因此我的工作就是努力引導大家領悟最充足、最完滿的「生命感」。這最根本的目標是要了解生命的深度和廣度。如果想要了解生命，唯一的方法就是努力攀上人生的巔峰。事實上，你無法體驗任何你以外的事物。你所能想到的光明與黑暗都在你的體內和心裡，我們的快樂與痛苦都是在自身之內，再厲害的劇痛和狂喜，也都不在己身之外。你經歷過的一切都存在於自身，正是依靠你所體驗到的生命感，讓你能夠觸及生命中更深刻的層面。

# Q 好好生活是什麼意思？

**喬登・彼得森**（暢銷書《生存的十二條法則》作者、心理學家）：

如果想要好好生活，就表示你要花很多時間來解決這個世界的種種麻煩，這是你與家人或社區碰上的麻煩。大家都會覺得事情往往不盡如人意，而每個人看到周遭人們的痛苦，也會受到影響。在我看來，這為我們帶來某種無法避免的道德負擔，而排解負擔的唯一正解就是正面挑戰，並試圖為它做點什麼。我們都會發現，在一生當中做過最有價值的事情，就是讓自己感受到堅忍、力量和尊嚴的事情，而這往往發生在我們面對嚴重問題、義無反顧挑起責任的時候。

在生活中努力追求幸福是沒用的，這種追求不會自己實現。我們的生活往往太過複雜，複雜到讓我們感到焦慮、痛苦、失望，覺得受傷。這不是悲觀，這是現實。我的經驗是，我們只是沒花太多時間去跟別人交談，你如果真的仔細聆聽，深入了解，就會發現大家每天都要處理好多困難的事情。有時候我們確實會看到有些人顯得無憂無慮，但我覺得這並不普遍。以為滿足欲求和所謂的「幸福」就能消解生活的種種問題，這種想法非常天真，無法站得住腳，所以生活總是讓人們失望，也就不足為奇了。

**安尼施・卡普爾**（印裔英國雕塑家）：

當你全神貫注、感到迷失自我時，才是你最有活力的時刻。當時間改變，你會看到美好的藝術。時間好像不存在，也許變得更長，或者好像暫時停止，不再流動。也有些時候，我們完全沉浸在某種身外之境，會有片刻的遐想。人們有時會在沉思冥想的片刻中體會到這種感覺。這些難以說明的美妙、神祕經驗，我們永遠都不會忘記。

我最近在納米比亞的沙漠中，感受到那是全世界最美麗的地方之一。我在那個地方發現許多死去的動物，那些屍體就遺留在沙漠上。每當遇到一隻死去的動物，我都會覺得：「這真是個死去的好地方。」為何如此呢？在那個原始又嚴酷的開放空間，不知道為什麼，我覺得生與死都已經超脫吉凶好壞。

**山姆・尼爾**（紐西蘭演員，曾演出電影《侏羅紀公園》）**：**

我可不期待大家會記得我太久，說不定根本沒有人記得。我記得以前讀過一句話：「你應該希望自己走了以後，你的名字在別人嘴上像是一種甜美的聲音……」這樣也許很棒，但是電影跟別的東西一樣，總是會煙消雲散，什麼事物很重要、哪些東西會被記得，都是由文化決定。

# Q 為什麼人類會覺得自己跟其他動物不一樣？

**尤瓦爾・諾亞・哈拉瑞**（全球暢銷歷史作家、《人類大歷史》作者）：

我們需要證明自己可以支配和利用其他的物種，所以我們總是以為自己是比較高級、比較優越的生命形式，跟其他動物存在巨大的差距。但情況並非總是如此。在農業革命之前，狩獵採集的人類跟其他動物沒有太大不同。他們認為自己也是自然世界的一部分，跟周遭的動物、植物和自然現象要不斷的交流、溝通和協調。但是，等到農業革命讓人類有能力控制其他動物，大家便開始把自己看作是完全不同的存在。人類發明各種不同的宗教，將人類提升到高於世間萬物的地位。我們經常以為猶太教、基督教和伊斯蘭教等宗教讓神得以神聖化，卻忘了宗教也讓人類神聖化。上帝的主要作用之一，就是讓人覺得自己比動物更優越。

## Q 我們如何才能找到生活的意義和道德的基礎？

**史迪芬・平克**（心理學家、《再啟蒙的年代》作者）：

其實，我們對上帝的信仰會妨礙道德和有意義的生活，柏拉圖的《歐緒佛洛篇》（*Euthyphro*）談過原因何在。如果有人相信道德真理來自上帝，我們得要問：「那麼，上帝是從哪裡得出這些道德真理呢？」如果說這只是上帝一時興起或個人偏好，那麼我們為什麼要對那些隨興所至的偏好這麼認真呢？再說，如果上帝在《聖經》中宣揚的道德戒律確實都有充分的理由，那我們何不直接服膺戒律，不必再透過超自然的神體。

要回答人生怎樣才有意義，我們要先找到道德存在的基礎，而道德最終取決於公正的概念。我們不能認為自己最重要，就要求對方另眼看待，覺得自己的利益才是利益，對方的利益就無關緊要。尋找意義跟尋找道德不同，尋找意義是為了探索我們在自然世界中的位置，認清人類與生俱來的脆弱與軟弱，了解自然法則裡有許多與我們的福祉無關，真要說的話也是折磨多於賜福。尋找意義也跟熱力學第二定律「熵」一樣，如果沒有能量和資訊繼續灌注，混亂無序就會逐漸加劇，也不會為個人帶來任何幸福。事實上，人的一生就是一段競爭過程，我們總是很容易受到病菌、寄生蟲、生物、害蟲的侵擾和迫害，更不用說我們的競爭本性時時導致同類相殘。這都是我們生在這個世界上的現實。

## Q「生命」是什麼？活著有什麼意義？

**喬治・丘奇**（美國遺傳學家）：

關於「生命是什麼？」的討論大多數流於二分法，也就是在生命與非生命之間畫下一道清晰的界線。相比之下，我更喜歡比較「活力」或「複製的複雜性」（replicated complexity）在量化光譜上的程度，複製的複雜性程度愈高，比簡單複製結構（例如鹽結晶）或隨機複雜結構（例如火焰）更有活力。為了維持這種高度複雜的生存狀態，這些系統「像是活著」，也就是經常運用感官偵測潛在威脅和機會，並做出回應。而這種活著的欲望，通常是為了幫助後代生存。

**傑克・索斯塔克**（哈佛大學遺傳學教授）：

對於生命在地球早期是怎麼出現的，我們當然還無法完全了解。不過現代科學讓人很感興奮的是，現在我們可以真正進入這個問題。我們花了很多時間想要定義「生命」，但忙了半天似乎不是很有成果。其實研究生命的起源並不需要精確定義生命，只需要掌握地球從早期的化學環境逐漸邁向複雜的狀態，以及從單細胞生物演化成現代生命的途徑；換句話說，這是從化學走到現代生物學的連續過程，我們需要填補的是這段過程裡所有步驟中的有趣問題。如果我們只是簡單的用二分法區分生命和非生命，反而會錯過那些重要的問題。

# Q每一個生命都有意義嗎？

**瑪莉娜．阿布拉莫維奇**（西方行爲藝術教母）：

我希望大家早上醒來都會想一想自己的目的是什麼。這是關於生存最重要的問題。好多人迷失自我，天天喝酒、吃藥抑制憂鬱，往往是因為不願意或沒時間面對這個基本問題。與其對自己質問這個問題，還不如依靠藥物變成殭屍要容易得多。其實生命是場奇蹟，是世界上最美麗的禮物。我們大家都是地球的過客，我們必須快樂。為了把握快樂，你要知道死亡隨時都會降臨。接受這一點以後，你就會發現時時刻刻都珍貴無比。

## Q 如何在生命中找到快樂？

**山姆．尼爾**（紐西蘭演員，曾演出電影《侏羅紀公園》）：

你知道自己什麼時候快樂或不快樂，也知道自己什麼時候介於快樂與不快樂之間，但我認為真正的幸福的確難以捉摸，尤其是現在這個時候。現在（因為新冠病毒）的封城管制，為那些本來遭到不公平對待的人帶來更為毀滅性的打擊，這一切非常殘酷。而且生活環境的變化太快，我們現在所做的一切，也許經過一個星期就全部過時了。在這種黑暗時刻說要尋找幸福，實在是難上加難。

# Q如何克服恐懼？

**貝爾．吉羅斯**（英國空勤軍團退役，荒野求生實境節目主持人）：

時間、經驗和多次僥倖脫逃的過程告訴我，克服恐懼最好的方法不是逃避，而是面對恐懼，從恐懼之中走過。如此一來，恐懼反而會減少。如果排斥恐懼、拒絕面對，反而會愈來愈嚴重。這聽起來很奇怪吧？但我們都會恐懼，這也是我們人之所以為人的特質。基本上，我會試著看看恐懼如何鍛鍊我，而不是讓我害怕。我會試著利用恐懼，讓自己保持警覺以及準備就緒。恐懼總是出現在重大冒險之前，我想我已經慢慢習慣這一點，把那些感覺和自己當作是一個團隊。我們永遠都不要太過自滿。誠實面對恐懼才是最好的，我從高空跳傘獲得的經驗就是如此。不過，在某次跳傘出意外時，我發現這其實很難用平常心面對，但這是我工作中非常重要的一部分，而且在我跳傘之前，知道機組夥伴的手就搭在我肩上，這給予我很大的鼓舞和幫助。

## Q 你認為人類這種物種未來有什麼恐懼與希望？

**尤瓦爾・諾亞・哈拉瑞**（全球暢銷歷史作家、《人類大歷史》作者）：

老實說，我認為人類以後會運用科技把自己升格為神明。這不是比喻，而是字面上的意思。人類會獲得傳統上被視為「神力」的能力，也許很快就能隨心所欲的設計生命、創造生物，直接運用心智就能創造出人為的現實，讓自己的壽命大幅延長，而且根據自己的意願改變身體和心智。過去人類歷史上發生過許多經濟、社會和政治革命，但人類本身卻一直保持不變。我們的身體和心智，跟羅馬帝國或古埃及的祖先一樣。然而在未來幾十年內，人類本身就會經歷史上第一次徹底的變革。不只是社會和經濟，包括基因工程、奈米技術和大腦—電腦的人機介面（brain-computer interface）等科技也會改變我們的身體和心智。身體和心智，就是二十一世紀最重要的經濟產物。當我們想到未來的時候，常常想到的是跟我們現在完全一樣的人類在享受更先進的科技，像是鐳射槍、智慧機器人，還有光速太空船。但是未來的科技能力不只會改變交通工具和武器，也會改變「智人」（Homo sapiens），包括我們的身體和心智。未來最讓人驚嘆的東西或許不是太空船，而是太空船裡頭的人類。

——

雖然我並沒有信奉特定的宗教，但對於自我身分的認同卻很難和宗教性脫鉤。我甚至跟世上許多人一樣，相信萬事萬物之間有某種聯繫關係，並且能在科學解釋中找尋驚奇感，探索令人難以置信的真理。我也經常發現自己跟很多人一樣，對於上帝、神靈這些事情感到疑惑。

## Q 宗教和科學是怎麼出現在社會中？

**賈斯汀·巴雷特**（美國實驗心理學家和作家）：

這個困難的問題有許多不同的答案，但是到目前為止，我們還沒找到有力的證據來支持哪一個答案。而且我們在解析問題採取哪個取向的理論、搜集哪方面的證據，也都會影響到你的回答。有些人堅持說，有證據顯示人類早在十萬年前就出現象徵行為（symbolic behaviour），例如，在南非布隆伯斯洞窟（Blombos Cave）的遠古遺跡。

但是要從象徵行為來解釋後來轉變成對更高權力和超自然的信仰，其實有點牽強。有一些實物證據顯示，智人在十萬年前就具備某種認知思考能力，這對後來發展成宗教非常重要。但是這和他們是否真的有宗教思考又是另一回事。時間快轉到三萬年到三萬五千年前，我們開始看到一些精緻的山洞壁畫，以及人物與動物的薩滿式繪圖，很多人認為這些圖像顯示人類已經具備超自然的思維。不過，對此我還是很懷疑。如果我們回溯到兩萬五千年到五萬年前，也會看到一些明顯象徵性的墓葬遺跡，例如死者有陪葬品，遺體也有裝飾。有人說這可能就是來世信仰的表現，但我們這樣解讀證據也許完全搞錯方向。或者我們該研究，人類的祖先什麼時候開始擁有真正的概念思考能力，也就是說，當我們在今天所理解的正常條件運作下，這種迫使人們轉向宗教思考的概念思考能力是何時出現的。

## Q 靈性在生活中會發揮什麼作用？

**薩古魯**（印度瑜伽大師兼作家）：

「靈性」這個詞在世界各地都被宗教挾持。其實我們說的「靈性」，是指實體之外的體驗。你現在體驗到的一切，都是因為看到、聽到、聞到、嘗到和接觸到，都是來自感官知覺。但是還有某些無實體、非物質的東西，你嘗不出、摸不著，也嗅聞不到。你現在對世界的體驗都是來自實體。你也許會問說：「思想和情感呢？」其實這也來自我們的身體，這些都在你的大腦中運作，跟消化作用在你肚子裡運作沒什麼不一樣。你體內的任何東西，都是由地球上的某些物質聚合而成，你的身體也隨著時間的流動一直在組合變化。你剛出生的時候，也不是現在這個樣子。身體是慢慢聚合而成。這些聚合起來的東西，你可以說都是你的，但不能說那就是「你」。所以你在哪裡？有人覺得現在的iPhone手機比眼睛還有用，很多人全身上下最有智慧的就是那支手機。各位如果有一支手機，你愈了解它，就愈能利用它的各種功能，是吧？如果手機是如此，我們的眼睛何嘗不是如此？而了解整個生命歷程，從起源到最後的結果，就是我們說的靈性。

**貝爾・吉羅斯**（英國空勤軍團退役，荒野求生實境節目主持人）：

我覺得，基督教信仰在我人生許多起伏坎坷和冒險中，一直都是我的磐石和支柱。這是真正指引人生的力量，能夠帶我回家，恢復鎮定和平靜，在疲倦勞累的時候令我堅強。

---

我們有時候以為科學和宗教總是針鋒相對，但我完全不確定這兩者是否真的互相對立、互不相容。其實它們最終也都指向人類的基本需求，亦即我們必須更完整的了解自己，以及我們在宇宙中的位置。關於宇宙位置的問題，在過去一個世紀以來已經明確成為科學領域的課題，我們愈了解宇宙就愈是敬畏，不只太陽系之外的太空無邊無際，關於一

場大爆炸開創出宇宙生命的說法，也著實讓人難以想像。在二十一世紀，能夠解決這些大問題的學問就是最讓人興奮、也令人費解的量子力學，這是從原子和亞原子的尺度來研究生命，也是到目前為止最厲害的研究模型。為了進一步了解，我邀請三位世界級的重要物理學家和科學傳播者進行訪談。

## Q 量子力學可以幫助我們理解生命的基本原理嗎？

**西恩・卡羅爾**（理論物理學家）：

我們對生命的起源了解不多；跟生命的起源比起來，還是比較了解量子力學。生命是非常複雜的化學反應，它需要從某個地方開始。如果適合的條件匯集起來，它就會自動開始嗎？或者還需要一些不太可能發生的波動，才能引發那些不太可能發生的事情，使一切愈來愈強大並且持續下去嗎？這些我們都還不知道。生命的起源也許本來是不可能發生的事，只是因為量子波動才發生；但是我們也知道生命要靠化學反應，而化學反應要靠量子力學。生物學裡頭確實有些特性要依賴量子力學的現象。例如光合作用就是最明顯的一種，我們的嗅覺功能大概也是如此。也有人說我們大腦神經元的相互聯繫，在某種程度上也跟量子力學有關。這還是非常新的研究，很多細節還不清楚。也就是說，很難用古典力學的方式來理解生命。

## Q 量子力學有沒有哲學意義？

**吉姆・艾爾卡利里**（理論物理學家）：

量子力學的幾位開創者都很熱衷於哲學，不同的哲學流派也把量子力學的發展帶往不同方向。在科學史上，這些討論可歸結到愛因斯坦與尼爾斯・波爾（Niels Bohr）對立的兩大陣營。愛因斯坦認為實體的現實確實存在，是物理學可以解釋的客觀現實。尼爾斯・波爾受到實證主義思想流派的影響，它主張如果你不能在選擇觀點的方法上達成一致，你就會直接放棄。這是務實的工具主義者。波爾認為科學和知識的功用，基本上是在於認識論，不是本體論。所以物理學不是要揭露實際的世界，而是為我們帶來一種描述世界的說法。至於對科學有什麼功用，也許量子力學所揭示的，比其他任何科學領域都要深入。量子力學提出「科學工作是什麼」的問題：那究竟是我們知道但碰觸不到的東西，還是反映世界實際的模樣？

## 西恩・卡羅爾（理論物理學家）：

很多最強、最厲害的學者進行量子力學的基礎研究，也取得物理學博士學位，結果被聘為哲學教授，這其實都有很充分的理由。哲學家提出的思考類型非常符合量子理論提出的問題類型，你如果認真研究量子理論，就會碰上很多哲學問題；至於那些問題會是什麼、會帶來什麼意義，又跟你研究量子理論的方向有關。比方說，多重世界理論不但會帶來不同的方程式和量化預測，甚至連個人的身分都會因此改變。「我」在此時此地，但我如果相信多重世界，那麼每個宇宙分支的每個瞬間都存在著千千萬萬個「我」；雖然這麼多「我」都是從過去同一個「我」分化出來，但彼此都已經變得不一樣。這些「我」都是不一樣的人，活在不同的宇宙裡，有著共同的過去身分。古典物理世界認為，我們的個人身分從出生到死亡，都依循著單一獨特的路線。但是，從我們已經做過的實驗顯示，量子力學說的宇宙分支確實正在進行。這些並非無法衡量或難以理解，而是我們必須改變觀點。

**卡洛・羅威利**（理論物理學家、國際暢銷書作者）：

（量子理論的哲學意涵）非常廣泛。量子理論顯示，十七世紀機械哲學那種天真的唯物論是錯的。也就是說，過去以為物質實體的屬性都一樣，但現實世界很可能跟這個狀況完全不同。我認為量子理論真正展示的是，各種物質實體的屬性只有在相互作用時才能加以定義，而且與互動對象大有關係。也就是說，現實世界並不只是各種屬性事物的集合，而是各種相關資訊彼此影響的互動關係。地球上的生命展現出非比尋常的多元和分歧，但遺傳科學卻發現各種生命有一些共同的起源。

我們現在知道，人類跟黑猩猩的基因有九十八％是一樣的，你跟你家的貓擁有九〇％相同的基因，跟小老鼠的相似度也高達八十五％。有趣的是，我們與香蕉的遺傳基因相似度甚至也有六〇％。知道自己在浩瀚宇宙中其實並不是最特別的存在，應該會讓人謙卑一點。在討論身分問題時，想到自己和地球上這麼多物種都有許多共同點，實在非常有趣。

## Q其他物種是否跟我們一樣有意識？

**卡爾・薩芬納**（生態學家）：

意識就是我們的感覺。如果你感覺或察覺到什麼，那就是意識。當你接受全身麻醉而完全昏過去時，什麼感覺都沒有，這就是毫無意識。我想，這也就是為什麼我們對於世界的本質感到混亂與困惑，也對我們與世界萬事萬物之間的關係感到不解，甚至一直懷疑那些有眼可看、有耳會聽、有鼻子嗅聞、有皮膚可感觸的動物是否也有

「意識」。我們還是會繼續追問這個奇怪的問題。我現在說的意識，是指我們可以察覺到某些事物。有些人以為意識是指對未來的規畫或類似的東西，但這不叫意識；對未來的規畫是透過學習而來，那是一種能力。

## Q 你對黑猩猩和人猿的研究，如何改變你對人性的看法？

**珍．古德**（知名環保人士，黑猩猩研究專家）：

一開始是路易斯．李奇（Louis Leakey）*建議我去研究黑猩猩，因為他認為我們跟黑猩猩在六百萬年前都有相同的類人（human-like）祖先。他對石器時代的人類很感興趣，但只能發掘出他們的骨骼和工具等，無法探究到古人類的行為。所以他認為，現代人類如果表現出類似黑猩猩的行為，也許那種行為是共同祖先流傳下來的，也就

* 編注：英國考古人類學家，對人類演化理論有重要貢獻。

是說，或許石器時代的男性和女性也有那種行為。從我的角度看來，發現黑猩猩也會表現出野蠻、暴力，甚至也會發生戰爭，實在讓人震驚。因為在某些狀況下，人類也會有暴力傾向，所以可以假設暴力表現是人類長期演化過程中一直都有的特徵。暴力表現至少有一部分可能是來自遺傳。我們其實不必講太多也知道人類是非常暴力的物種。我們跟黑猩猩也沒有明顯的分別，彼此的DNA有九八%甚至更多是一樣的。所以說這條界線其實非常模糊。我們只是連續演化過程中的一部分，並不是地球上唯一具有個性、心智、思想和感情的物種。我們現在已經知道自己和黑猩猩有多像，都會親吻、擁抱、牽手、拍背，都有家庭聯繫，也都會發動戰爭。但同時我們也知道自己跟他們不一樣。不過到底是什麼讓我們不一樣呢？知道自己跟黑猩猩在某些方面相同之後，你才有立足點來觀察什麼是最大的差異。我認為，人類複雜的語言溝通方式，就是最關鍵的差異。

---

人類學研究指出，藝術比語言更早出現，這是有道理的。我們人類一向是富於表現的

物種，也不只是透過書寫和口語溝通，還會運用音樂、雕塑、繪畫等多種由文化產生的藝術形式來進行交流。我們與藝術的聯繫可以幫助我們了解某些事物，這甚至是其他表現形式難以辦到的。我的經歷就可以證明這一點。在我陷入極度沮喪期間，正是藝術、尤其是詩歌和攝影，幫助我了解這個世界，並在我覺得無路可走時為我傳達自己的感受。我在下一章會對藝術深入探索，不過我跟幾位世界知名藝術家對話後發現，藝術之所以存在的原因，不只是為了表現自我，也是為了跟他人溝通聯繫。

## Q 藝術為何存在？

**安東尼・葛姆雷**（英國著名雕塑藝術家）**：**

藝術是生命的自我表現，這是所有人類（不管隸屬什麼文化或地區）都有的表現。創造力是來自內在。當我們在談話中說一個故事時，就是在分享經驗，當作是呈獻一份禮物。這也是一種模式，在說故事和分享中，體驗因此有所轉變。視覺藝術雖然不像唱歌、跳舞或口語傳達故事那麼直接，卻也一樣是為了理解我們周遭發生的事，是這種需求的提煉與延伸。這種想要表達時間與深度空間的抽象感，以及某些身體經驗的需求，也從未改變。藝術絕不奢侈，也不是為了交換什麼，這也不是一門職業或專業訓練，它只是人類內在的一部分。藝術是一個匯聚希望與恐懼、未來與過去的開放空間，自我藉此形成整體，讓個人經驗擁有意義。

**瑪莉娜．阿布拉莫維奇**（西方行爲藝術教母）：

為什麼穴居人要在深山洞穴裡頭畫畫呢，他們要這麼做的理由想必非常有趣。人類好像從存在之初就很想表現自我。那種創新的需求就存在於我們的DNA裡。雖然有幾億人的生活中並沒有藝術，但我相信它才是滋養社會的氧氣。好的藝術帶有許多層次的意義。它可以預測未來、可以提出正確的質疑（雖然未必能提供答案），也許讓人不安，卻能打開個人意識，讓我們的精神感到振奮。好的藝術能激發能量，是一種美，而我們正需要彼此分享這種美。生活也許蒼白灰暗，藝術可以為它帶來一些別的東西。如果說藝術家是跟神聖能量聯繫在一起，那麼精神元素即可創造出宏大的力量。身為藝術家的我，把大眾當作是一具引擎；我只是提供發動的鑰匙而已，觀眾沒有我，也能成為一個作品或發揮功能。我在創作的時候，甚至都不曉得最後會有什麼結果和可能性。如今我們已經迷失，失去自己的精神中心。藝術品光是拿來觀看是不夠的，我們必須成為它的一部分。

**安尼施・卡普爾**（印裔英國雕塑家）**：**

如果沒有藝術，我們怎麼可能存活下來？我們人類常常感到恐懼，雖然可以暫時把恐懼放在一旁，但恐懼基本上都不會消失。藝術可能就是分擔恐懼的工具，既能了解他人的恐懼，也能從中了解基本人性。藝術也是幫助我們理解人生當中那些微小意義的方式，例如從幾十萬年甚至幾千萬年之中，去看其中一百年有什麼意義。從這個角度來說，藝術也許比生命本身還要重要。藝術勇於質問，像是：「什麼叫意識？」這種問題，科學就不能天馬行空，只能對這種奇怪現象提供僵固的解釋。藝術可以對此加以臆測，也能對其他基本問題提供充滿詩意的答案。

## Q 什麼是藝術之美？

**菲利普・史塔克**（法國設計師、建築師兼發明家）：

沒有這種東西，沒有。首先，「美」不存在。這只是我今天下午兩點三十九分在倫敦的一種看法，但這並不是我不尊重「美」這個字的原因。因為這個字反覆無常，太不穩定了，反而一點意義也沒有。美是什麼、美的東西是什麼，這種看法可以隨時隨地輕易的改變。現在說美、談美、追求美，反而只是鼓勵虛榮、鼓勵裝模作樣，變成行銷、商業、廣告和種種類似的活動。「美」到最後變成貪婪，變成促進商業活動，變成一些虛假的理由，讓大家去買更多沒用的東西，所以我無法接受現在說的這種美。對我來說，「美」只是資產階級流傳的用語，早就該淘汰了。我倒是更想跟大家談各種元素之間的統一連貫、和諧一致與平衡協調。有時候我們看到一個地方、一幅畫、某個動作、某種構成、一個小孩或一隻貓等等，你會產生很強烈的結構感，並在情感上引發莫大的波動。我這輩子碰上這種感覺的次數大概不到五次，但是各位也許曾在某一秒、甚至是一秒之內感受到這種感覺，你會知道那就是「它」了。因為那一刻的光線、溫度、視覺角度、你的觀察和所有一切，幾百種元素都配合得剛剛好，創造出那樣的平衡協調。這時候有人會說是「美」，我們也可以說是和諧。

---

就算我們現在能活到九十歲，人生也有四分之一到三分之一的時間要接受教育。這當然很合理，因為我們的世界、我們的社會、經濟和文化都非常複雜，要獲得我們必要的認知能力，需要經過大量的學習。我們在地球上的成長歲月，確實大部分都是接受某種形式的教育，不可避免的，這些教育對我們後來變成什麼樣的人，會產生深遠的影響。我知道自己的世界觀和許多興趣，都是來自學校老師的激發誘導，你只要翻閱幾本個人傳記，大概就會知道很多人也是如此。

# Q人類為何沒有完全發揮潛力？

**狄帕克・喬布拉**（印度暢銷書作家，另類療法提倡者）：

我們大多數人都處於社會制約的催眠下，不會去質疑日常現實，只曉得急於順從。接受社會制約就是我們接受教育的過程，但以現在這個世界來說，這個過程只會讓大家資訊超載。我們不要忘記「education」（教育）這個字是來自拉丁文的「educare」，意思是培育、支持，讓存在於我們腦中的東西可以表現出來。教育原本應該是能引導出洞察理解、創造力、懷疑、好奇心和更高的意識狀態，每個孩子出生時都帶有這些能力，但後來在社會制約的矇蔽和壓制下，反而讓人只曉得順從。

## Q 教育在社會中扮演什麼角色？

**肯．羅賓森**（教育和創造力訓練專家）：

教育在社會中扮演四個重要角色，這四個角色也都相互關聯。首先，教育具有經濟目的，這一點常常會引發爭議。在教育哲學史上，對於教育本身是否完善，是否以教育本身為目的、不該再有其他外在目的，這點已經有許多的討論和論述。但是我們認為不管你屬於任何階層，接受教育的確會帶來經濟優勢，如果孩子去上學並且成績優越，他們的經濟狀況必定會比沒受教育還好。這就是政府為教育投注大量經費的原因之一，他們認為受過良好教育的國民對於發展經濟更有利。當然，最重要的問題是要先了解，現在為了實現經濟目的需要什麼樣的教育。

第二，教育具有重要的文化作用。我們提供教育（尤其是教育年輕人）的原因之一，是為了讓他們可以融入所在社區的文化價值觀、世俗傳統和思維方式。這也是為什麼有那麼多種不同的課程內容。每次要擬定不同的課程或新課綱時，往往都會成為熱烈討論的焦點。

第三，教育具備重要的社會作用。我們都希望教育可以幫助學生了解社會怎麼運作，以後如何在社會中扮演自己的角色並發揮能力。尤其在現代的民主社會，正如約翰・杜威（John Dewey）*所言：「每一代人都必須自己重新發現民主。」

第四則是針對個人方面。教育應該幫助大家發現自己的才華，找出自己的人生目標，培養興趣，提升鑑賞力，讓大家都擁有豐富而充實的一生。美國現在的問題是，有些孩子連高中都沒唸完（要說他們是遭到「退學」，我有點疑慮，這好像是說他們被體制淘汰，但事實剛好相反，是孩子自己不上學）。我們如果把教育當作機械式和填鴨資料的過程，忽視它對個人的培育養成，或者忘記教育是為了活生生的人類而存在的事實，那麼教育就不再有價值。

---

當我家的貓深深凝視某處，也許代表牠感受到生存的危機，但是，我們人類可能是地球上唯一知道自己和愛人、親人、友人和所有生物都會死亡的物種。正因為如此，我們很

容易以為生命終究只是一場徒勞。雖然人的壽命有限，我們還是會花費無數時間來追求最崇高的目標，尋找人生的意義。我們是喜歡追求意義的動物，需要一些東西來了解生活，知道自己是誰、為什麼出生在世界上。更廣泛來說，也許這就是為什麼我們會運用藝術、宗教和科學來探索，希望藉此了解周遭世界。而藝術領域也確實讓我們更加理解自我，以及我們在世界上的位置。畢竟，如果我們毫無脈絡可尋，身分認同也就失去了意義。

我們的語言，有許多都是針對社會需求而發展出來的，只強調功能性，而藝術完全不一樣。就像安尼施．卡普爾和安東尼．葛姆雷給我的回答，藝術是一個可以臆測、探索和創造詩意答案的空間。這種難以形容的感覺，有時候我們經由藝術品、音樂，甚至是大自然，都能激發出深刻的理解。這其實是我們自己內心深處的一部分，我們就是熱愛說故事的物種，地球上的人類從遠古以來就留下證據，顯示我們會彼此分享經驗，把這些經驗當成禮物呈獻給對方。

---

＊編注：美國著名哲學家與教育家。

我們的認知能力讓現代人獲得某種自由，對於整個世界的生活體驗顯得更加從容，但伴隨而來的還有超越自身的優越感。正如尤瓦爾．諾亞．哈拉瑞所言，過去並不是這樣。我們是在農業革命以後，才開始把自己和整個動物世界徹底區分開來。到了工業時代，這個分歧再次變本加厲，人類開始鼓吹種族論，將宰制他人正當化，甚至剝削他人。

不管你喜不喜歡，我們人類仍然是一種動物。我們身上帶有的傾向和特性，都是自身本質的一部分，這些傾向和特性都已經發展變化幾萬年，代代相傳，但是現在世界中的社會互動、科技和許多能力都已經和過去不同了，我們必須為了適應不同的世界而調整和提升。我們到現在還是需要不斷重新學習，才會知道自己是什麼、具備什麼意義。這也引出一個問題，到底是誰的生活比較美滿：是像貓那樣無所事事，整天盯著窗子等待下一隻小鳥飛過，還是像我凝視窗外，腦子裡想著如果人生最終就是消亡幻滅，那麼生命到底為什麼重要？最好的位置也許是採取中間立場，既享受身體、精神、心智和文化上的各種生活經驗，同時也知道自己只是美麗世界的短暫過客。

# 訪談者簡介

◈ **克瓦米・安東尼・阿皮亞教授（Professor Kwame Anthony Appiah）**：迦納裔英國作家、文化理論家，紐約大學哲學和法學教授，二〇一二年在白宮獲頒美國國家人文獎章。

◈ **艾莉芙・夏法克博士（Dr Elif Shafak）**：土耳其裔英國作家、學者和女權運動者。她的著作已翻譯出版五十一種語言版本，她在藝術與文學的貢獻獲得法國文學騎士獎的肯定。

◈ **蘿絲・麥高文（Rose McGowan）**：美國女演員、平權人士，也是《紐約時報》暢銷書作家，二〇一七年被《時代》雜誌評爲年度人物。

◈ **薩古魯（Sadhguru）**：印度瑜伽大師兼作家，對於精神靈修方面極有貢獻，在二〇一七年獲頒印度二級榮譽公民蓮花賜勳章（Padma Vibhushan）。

◈ **喬登・彼得森博士（Dr Jordan B. Peterson）**：臨床心理學家、多倫多大學心理學系教授，百萬暢銷書《生存的十二條法則》（*12 Rules for Life: An Antidote to Chaos*）作者，該書已翻譯出版五十種語言版本。

◈ **安尼施・卡普爾（Sir Anish Kapoor）**：大英帝國三級勳（CBE），是知名的印裔英國雕塑家，皇家藝術學院院士，專研裝置藝術與概念藝術創作。

◈ **山姆・尼爾（Sam Neill）**：演員、作家、導演兼製片，曾參與電影《侏羅紀公園》（*Jurassic Park*）和英國熱門影集《浴血黑幫》（*Peaky Blinders*）演出而聞名。他在紐西蘭皇后鎮住家附近擁有一座酒廠。

◈ **尤瓦爾・諾亞・哈拉瑞教授（Professor Yuval Noah Harari）**：歷史學家兼哲學家，也是全球暢銷書《人類大歷史》（*Sapiens*）、《人類大命運》（*Homo Deus*）和《二十一世紀的二十一堂課》（*21 Lessons for the 21st Century*）作者。

◈ **史迪芬・平克教授（Professor Steven Pinker）**：哈佛大學心理學教授，國際暢銷書作家，著作包括《語言本能》（*The Language Instinct*）、《心智探奇》（*How the Mind Works*）和《再啟蒙的年代》（*Enlightenment Now*）等。

◈ **喬治・丘奇教授（Professor George Church）**：美國遺傳學家、分子工程師兼化學家，對基因組測序研究的貢獻享有盛名。他是幾家企業的共同創辦人，也是懷斯（Wyss）生物工程研究所創始會員。

- **傑克・索斯塔克教授（Professor Jack Szostak）**：哈佛大學遺傳學教授，對遺傳學的豐富貢獻極受肯定而屢獲殊榮，包括二〇〇九年的諾貝爾生理醫學獎（與伊莉莎白・布雷朋〔Elizabeth Blackburn〕及卡羅・葛萊德〔Carol W. Greider〕共同得獎）。
- **瑪莉娜・阿布拉莫維奇（Marina Abramovi）**：塞爾維亞的概念表演藝術家，其作品以突破身體極限而著名。皇家學院（Royal Academy）院士。
- **賈斯汀・巴雷特教授（Professor Justin Barrett）**：美國實驗心理學家和作家，人類繁榮發展中心（Thrive Center for Human Development）主任。
- **西恩・卡羅爾教授（Professor Sean Carroll）**：理論物理學家，在加州理工學院物理系理論物理研究所擔任研究教授。
- **吉姆・艾爾卡利里教授（Professor Jim Al-Khalili）**：理論物理學家、暢銷書作家、廣播電台主持人，也是薩里大學（University of Surrey）特聘講座教授，二〇〇五年起負責物理學及公眾科學參與講座。

◈ **貝爾・吉羅斯（Bear Grylls）**：大英帝國四級授勳（OBE），是英國空降特勤軍團老兵，現在擔任求生訓練指導員、搜救教練、暢銷書作家和電視節目主持人。

◈ **卡洛・羅威利教授（Professor Carlo Rovelli）**：理論物理學家，也是國際暢銷書作者，《物理學七堂課》（*Seven Brief Lessons on Physics*）、《現實不是表面所見》（*Reality is Not What it Seems*）和《時間秩序》（*The Order of Time*）等，後者已翻譯出版四十一種語言版本。

◈ **卡爾・薩芬納博士（Dr Carl Safina）**：生態學家，麥克阿瑟基金會「天才獎」得主，爲薩芬納研究中心創辦主席。

◈ **珍・古德（Dame Jane Morris Goodall）**：大英帝國二級女勳爵（DBE），英國科學家、知名環保人士，也是全世界最重要的黑猩猩研究專家，因其人道主張與環保工作廣受肯定而獲得許多榮譽獎項。

◈ **安東尼・葛姆雷爵士（Sir Antony Gormley）**：英國著名雕塑藝術家，作品包括〈北方天使〉（Angel of the North）、〈另一個地方〉（Another Place）、〈不列顛群島的田野〉（Field for the British

Isles，榮獲一九九四年透納獎）、〈量子雲〉（Quantum Cloud）等。

◈ **菲利普・史塔克（Philippe Starck）**：法國設計師、建築師兼發明家。他參與一萬多項創作，包括室內設計、家具、遊艇和飯店等。

◈ **狄帕克・喬布拉教授（Professor Deepak Chopra）**：出生於印度的暢銷書作家，另類療法提倡者。喬布拉基金會創辦人，在加州大學聖地牙哥分校家醫科暨公衛系擔任臨床教授。

◈ **肯・羅賓森爵士（Sir Ken Robinson，一九五〇年－二〇二〇年）**：是《紐約時報》暢銷書作家，也是教育和創造力訓練專家。他的TED演講影片瀏覽次數超過八千萬，其中「學校是否扼殺創意」（Do Schools Kill Creativity）是TED講座開辦以來最受關注的演講。

# 第二章

# 文化
## 人類的背景脈絡

有些事情會促使我們表現出內在靈魂。我們愈勇敢，就愈能充分解釋我們所知道的一切。

——美國詩人瑪雅·安傑羅（Maya Angelou）

人類脫離不了文化，這是我們出生和生存其中的背景脈絡。尼古拉．普桑（Nicholas Poussin）*在一六五八年的畫作〈失明的歐利安尋找朝陽〉（Blind Orion Searching for the Rising Sun），描繪僕人賽達里安（Cedalion）站在盲眼巨人歐利安（Orion）肩膀上當他的眼睛，以指引太陽射出的療癒光芒。這個描繪的象徵剛好可以解釋文化跟我們人類的關係。我們一代又一代的後輩就像賽達里安站在歐里安的肩膀上一樣，必須站在前人的肩膀上才能看得更遠。他們的努力就是我們的歷史，我們奠基於此繼續向前。

文化不限於一件事，而是所有的一切，包括我們的每張自拍、每條推特、每支短片、每幅繪畫、每個雕塑，還有各種歌曲、小說、文章、部落格貼文、影像作品。我們在社會中做的每件事都是經過某種考量，具備超越功能性的美學，讓行為在時間之中留有一席之地，其中也都包含我們賦予的某種目的。我們在文化中創造出來的事物，也是在講述我們是誰的宏大故事。

約翰．伯格（John Berger）一九七二年出版《觀看的方式》（*Ways of Seeing*），對此提出完美的總結：「我們在周遭世界中確立自己的位置，是依靠觀看；我們用文字可以解釋說明這個世界……但是文字永遠無法消除我們置身於世界之中的事實。在我們所見和我們所知之間的關係，是永遠不會固定下來的。」能夠辨識某件「東西」和理解它的含義並不相同，兩者的關係也會隨著時間而改變。比方說，中世紀的人都相信真的有地獄，所以現實世界中的火就成為痛苦灼燒、足以毀滅一切的象徵；相反的，如果沒有這個實體象徵，地獄好像就不會那麼可怕。換句話說，如果只是舉個牌子說地獄好恐怖，那就不夠恐怖。為了讓大家心領神會，我們需要看得見的象徵，才能暫時把地獄體驗納入生命之中，並且有所理解。

在我成長期間，我和家人每年都會回印度。我們不只是回去探親，往往也會到處旅行，通常是去一些偏遠的印度鄉下，小時候的我突然被帶進這樣的世界，跟我在曼徹斯特郊區的家完全不一樣。印度人的生活充滿藝術和象徵。不但用口語言談來表達各種事物，還會透過故事、圖像、舞蹈、食物等印度人的創意工具表現出來，其強度震耳欲聾，像風

＊編注：法國巴洛克時期的重要畫家。

暴中的波濤洶湧，但當你沉浸其中，一切都會變得非常有意義。也許是因為我從小就經歷如此深沉的文化浸潤，讓我一輩子都在追尋這種感受，不管是透過自己的創作（攝影和詩歌），或是盡己所能的吸收各種文化。

人類是愛說故事的物種，大家一起分享的故事與我們不斷發展的集體身分密不可分。第二章是我和一些優秀小說家的對話，包括偉大的瑪雅．安傑羅（Maya Angelou）、艾莉芙．夏法克和楊．馬泰爾（Yann Martel），他們都說出那些塑造我們的故事。當然，講故事有很多種形式，為了促進理解，我也訪問一些詩人，包括雷門．西舍、詩人喬治（George the Poet）和安德魯．莫森爵士（Sir Andrew Motion）；藝術家翠西．艾敏（Tracey Emin）；名廚赫斯頓．布魯門索（Heston Blumenthal）；音樂家布雷克．梭特（Black Thought）、魔比（Moby）、鋼琴家郎朗和漢斯．季默（Hans Zimmer）；電影製片肯．洛區（Ken Loach）和保羅．葛林葛瑞斯（Paul Greengrass）；以及上個世紀最厲害的兩位攝影師大衛．貝利（David Bailey）和藍欽（Rankin）。他們的回答都生動描繪出人類最複雜的現象：我們的文化，這讓我非常著迷。

# Q 說故事在人類文化中有什麼作用？

**艾德・卡特莫爾**（皮克斯動畫製片聯合創辦人）：

說故事就是我們彼此交流、互相告白的基本方式。如果你趁孩子還小的時候就讓小孩坐在腿上，聽你講故事給他聽，對小孩、對大人都是最好的交流。這時候你不只是在講故事，同時也是在培養彼此的感情。再來，小孩逐漸長大，開始上學，又會接受到另一種講故事的方式，我們在學校會聽到人類的過去，聽到我們的歷史、文化的故事；聽到我們的總統或國王、革命和英雄都做了什麼事。不管這些故事說了什麼，當然也都是過往歷史的簡化版。但過去是我們永遠無法重新來過、重新經驗的，唯一流傳下來的只有故事。講故事會有種種不同的藝術形式，這是為了捕捉故事本質，把過去經驗中真正重要的事情說給別人聽，因為那些重點是不會自己表現出來的。

# Q 我們為什麼寫作？

**瑪雅．安傑羅**（美國詩人、作家及民權運動家）：

我們之所以會寫作，跟我們走路、說話、爬山或跳進海裡游泳一樣：因為我們會寫，想寫就寫。我們內心都會有一些衝動，想要向其他人解釋自己。這就是我們會想要畫畫的原因，也是我們敢去愛誰的原因。因為我們有想法、有衝動，想要說出自己是誰。我們要說的不只是我們長得多高或有多瘦，而是我們的內在、甚至是精神上的自我。有些事情會促使我們表現出內在靈魂。我們愈勇敢，就愈能充分解釋我們所知道的一切。當詩人寫了一行詩，也許能立即由黑人說給白人聽，由老人說給年輕人聽，或者是有錢人寫出來的東西，窮人也能懂，那就是成功的寫作。

**詩人喬治**（英國口語藝術家、詩人、嘻哈歌手）：

有些聲音帶有不可思議的魔力，我們叫做詞語。詞語負載人類經驗特有的意義。經過幾十萬年，我們還是搞不懂狗在說什麼，那些聲音無法跟我們產生特定關係。我們代代相傳的語言編入許多人類的經驗，所以把這些聲音仔細組織起來就會產生情感作用吧？這是我們所擁有最接近魔力的東西。

**楊・馬泰爾**（《少年Pi的奇幻漂流》作者）：

我寫作是因為這是以創造性的方式來打發時間。我在白天通常也有很多事要做，但如果跟寫作相比，我寧可去塗塗寫寫。寫作的美妙之處就在於，它與《李爾王》（*King Lear*）的故事相矛盾，有些東西的確是「無中生有」*。原本什麼都沒有的地方，

＊編注：原文爲something does come of nothing，改寫自李爾王對女兒所說的台詞：Nothing will come of nothing（不說話就得不到東西）。

突然出現一個故事，而把這個故事寫出來就像是蓋一座大教堂。這是緩慢、需要精心構思的過程。一開始會有個想法，再從那個想法開始去研究，研究之後又會產生更多想法。更多想法和更多研究帶來許多詮釋和觀點，然後這些看法就會變成故事架構。接著開始寫，一直寫、一直改，直到故事終於浮出水面；寫到文思泉湧，彷彿自然而然創造出來。創造這種幻覺，修修改改，會讓人覺得很滿足。至於我們為何如此著迷於書寫，我想是跟我們想要追尋生命的意義有關。動物不會想知道自己是什麼，但我們會。而故事（更廣泛的說，是藝術）是追尋意義最好的方法；順帶一提，這也是另一種意義創造者「宗教」很愛講故事的原因。

## Q 書寫文字在社會變革中扮演什麼角色？

**瑪雅・安傑羅**（美國詩人、作家及民權運動者）：

這個問題很有趣，讓我想起美國獨立戰爭的一件事。那時候有一位愛國者叫派崔克．亨利（Patrick Henry），看到士兵們吃不飽、穿不暖，又冷又餓，連件乾衣服都沒有，於是他滔滔雄辯、慷慨激昂的寫了很多熱血詩歌來鼓舞士氣。不過當時的士兵大多是文盲，所以他經常東奔西走，朗誦詩歌給大家聽。其中有一句是：「我不知道別人會選擇什麼道路；但是對我來說，不自由，毋寧死！」這些話當然讓戰士們熱血沸騰，一時之間忘了他們處境的苦痛悲慘。雄辯滔滔的書寫文字，不必分析或拆解，就能傳遞火燄、四處點火，讓垂死的鬥志重新燃燒起來。這就是它強大的力量。所謂的激情都是如此，不管是來自浪漫愛情、愛國熱血還是其他的感情。書寫文字證明我們都能超越此時此地的自己。我小時候讀過莎士比亞的十四行詩，那時候我以為莎士比亞是美國南部的黑人女孩。因為我小時候曾遭受性虐待，所以我從七歲到十三歲左右完全都不說話。那時候我覺得大家知道我被男人性侵，都以為是我自己喜歡如此。後來我讀到：「在命運與男人眼中蒙受羞恥，我獨自哀嘆遭到遺棄。」這句話令我深有共鳴。結果老師告訴我，這位莎士比亞是白人，是四百年前的英國人。我本來以為他們不可能會懂，沒有一個白人會懂我的感受。

## 安德魯・莫森爵士（英國桂冠詩人）：

詩能創造變化，但這和運用法律來改變一些事情不同。光是讀詩，也不會讓你開車時記得繫上安全帶。但詩可以創造出充滿模稜兩可和各種可能性的世界，讓你從多重視角來觀看世界。如果這能對我們產生最大的影響，就能影響我們在世界上的行為方式。詩也能幫助我們思考過去，形成想法。英國詩人威斯坦・休・奧登（W. H. Auden）說：「詩，毫無作為。」但我懂他的意思。大家看到這句話也許會覺得失望，不過也可能會鬆一口氣，因為我們這個世界到處都在講究「作為」，都是為了各種事情在奔忙。奧登把一九三〇年代描述成低迷又不誠實的十年，他這麼一寫就深深影響到我們對那個時代的觀感。面對現在和未來，如果能經由了解過去來接納這一切，像奧登這個最好的例子，就能理解我們探索過往的思考結晶，可以如何改變我們的未來。

**雷門・西舍**（英國作家、詩人，曼徹斯特大學校長）：

我們邁上旅程之前，詩就騎上馬背先走一步。它們是兇暴激昂的往事記錄者，是狂野離奇的未來預言家，也是當下的陳述與聲言。如果你想知道大家的聲音，請聽聽詩人、看看藝術家。我們從詩和藝術探索和了解的人類狀況，比其他任何媒介都來得多。但是詩本身是死的，我們要跟詩的內在聯繫，否則它只是沒有靈魂的自我耽溺。

**詩人喬治**（英國口語藝術家、詩人、嘻哈歌手）：

詩，坦誠而不隱藏。你如果不先確定自己站在什麼位置，就寫不出詩。你能運用的就只有文字詞語，這些言語必須能夠引發共鳴。最有力量的詩，可以引發各方共鳴。人類的真理遍及世界，如果平等和愛都正確，那麼它們在詩的領域必定脫穎而出。你不能躲在音樂、身體動作或任何東西後面，我們要把話說出來，需要被理解。詩的真摯無隱，會跟社會的變革攜手同行。

**布雷克・梭特**（美國嘻哈樂團Roots主唱）：

藝術始終在革命、演化和變革中發揮作用。藝術一向是推動變革的巨大力量，也是人們最大的共鳴點，幫助大家了解我們生活的世界和人們的力量。歷史上最黑暗的時代，也都會帶來各流派中最有趣的藝術。而最好的表達形式，總是在歷史最多災多難的時候出現。艱難的時代對藝術是件好事，因為唯有此時才會有更多人大聲響應。在艱難的時代，人們會自省內心，找到自己的目標並把它說出來。藝術是一種敘事，也是一種催化劑，由選擇加入某些運動的個人故事組成。你透過藝術可以深入理解，發現世上還有別人跟你有同感，和你的看法一樣，或者也想要做你正在進行的變革。藝術就是我們的時間膠囊，能對後代訴說前幾代人的生活。

# Q 說故事在文化中扮演什麼角色？

**瑪雅・安傑羅**（美國詩人、作家及民權運動家）：

我們用它來鼓勵新一代去了解一些東西，讓他們能夠繼續向前、不倒退、不重蹈覆轍。這就是伊索寓言那種民間故事的基本作用。說故事主要就是要傳遞訊息，讓下一代也能有所警惕，不會再犯下前人的錯誤或受騙上當。

**楊・馬泰爾**（《少年Pi的奇幻漂流》作者）：

故事是把大家凝聚在一起的黏著劑。如果沒有個人、家族、地方、國家和全球性的故事，那麼我們什麼都不是；我們只會是孤孤單單的動物，默默穿越平原，不知道自己何去何從，也不曉得這一切是為了什麼。是那些故事定義了我們，告訴我們自己是誰，為我們指明方向。

我一直到自己真正需要詩的時候，才知道詩的力量是多麼強大。以前在學校，詩只是用來學習和分析的課文，跟解剖青蛙差不多，所以我從來不覺得詩有什麼意義。但是隨著年紀逐漸成長，經歷過愛的狂喜、失去親人的苦痛，還有黑暗深淵，我才了解詩的力量。它不再只是押韻的詞語，而像是運用語言的繪畫，以無可比擬的方式，深刻的把你的情感與理解聯繫在一起。後來我熬過十幾年嚴重的憂鬱，詩與我的關係也更加個人化。我在那段期間，幾乎完全無法表達自己，直到發現詩可以讓我發出聲音。因此，這是極為貼近我內心的一種文化形式。

## Q 詩在文化中有什麼作用？

**瑪雅・安傑羅**（美國詩人、作家及民權運動家）：

詩是書寫文字，但也是音樂，因此擁有雙重的力量。散文如果押韻，也會帶有音樂性，雖然沒有像詩那麼豐富。如果我們聽人朗誦詩，也會受到吸引。詩有一種可以吸引人的磁力，其中一部分就來自音樂。我們不會特別意識到「披頭四」的歌、藍調和一些心靈音樂的歌詞是詩。有些年輕人可能會說「我不喜歡詩」，但他們還是喜歡貓王或雷．查爾斯（Ray Charles）的歌，而這些也是詩。

**雷門．西舍（英國作家、詩人，曼徹斯特大學校長）：**

詩是革命的核心，而革命是詩人的核心。詩人的文化作用又是什麼呢？我不知道詩人需不需要回答這個問題。我看過為總統讀詩的詩人，也在報紙上讀過詩，但我也見過幾首歌頌拳擊手和美容師的詩。我看過配上古典音樂的詩，也看過配上電子音樂的詩。我看過龐克搖滾的詩，也看過搭配圖像的詩。有詩人在水星音樂獎（Mercury Prize）*獲得提名，也有詩作在國家劇院演出。歌手愛黛兒（Adele）原本是位詩人，

＊編注：英國一年一度的音樂獎，表揚對象是英國或愛爾蘭的年度最佳專輯。

艾美．懷斯（Amy Winehouse）也是。我不是刻意要把傳統和現代扯上關係，各位只要運用上帝給你的眼睛，仔細看一下就會明白。詩比過去更為流行。這麼說有點誇張，是吧？但真的是這樣。這都是靠詩人的創作，這也是他們唯一的文化作用。我希望會有更多人來寫詩創作。希望有更多的人坐在樹枝上，把自己的詩句投入無垠的想像。詩人一定要用詩來表達自我，這是他們證明自己還活著的方式。文化評論者對於詩的作用或許各有主張，爭執不下。但詩人始終如一的角色就是寫詩而已，這才是他需要知道的事。我不想定義詩應該還要有什麼作用，這反而會變成限制，除非我被哄入兔子洞*。

**索爾．威廉**（美國嘻哈歌手和音樂家）**：**

只有在某些社會，大家才會發現詩與人民太過疏遠。如果是在愛爾蘭，你會發現詩非常活躍，很多孩子都能背誦大詩人希尼（Seamus Heaney）的作品。中東地區的小孩也會背誦魯米（Rumi）的詩。在某些文化裡，詩會表現出它們的本質。詩總是能讓我們回歸本心，勿忘初衷，不管我們在商業旋風或資本主義的混亂中迷失得多麼嚴重，詩總是可以帶我們回家。詩在安全的空間中自行運作，但安全可遇不可求。有許多國家的詩人遭到囚禁，因為他們的文字足以煽動人心。他們握有一把鑰匙，可以拆解體系。他們會讓事情變得更清晰，幫助我們理解宗教、人類、社會、性別和許多的議題。詩歌可以用簡單的形式、也可以用複雜的形式敘述人類共同的故事，喚起大家關注這些議題。我們把詩看作文化，同時就是在確認文化的本質。在美國，大概有很多人都不知道，改良留聲機（也就是現代的錄音機）的貝爾（Alexander Graham Bell），第一批錄製的聲音就是來自幾位詩人。在開始有廣播電台之前，美國人最常欣賞的娛樂消遣，就是在大家吃飽飯後，一起圍在桌邊聆聽詩歌朗誦。人類史上最早的錄音竟然來自詩人，你想一想就知道意義有多麼重大。

---

＊編注：down a rabbit hole，指掉入奇幻、未知的世界，出自《愛麗絲夢遊仙境》。

# Q 什麼才是真正偉大的作品？

**瑪雅・安傑羅**（美國詩人、作家及民權運動者）：

真實。除非作品能說出真話，否則用處不大。不管是托爾斯泰寫的作品，還是潔曼・葛莉兒（Germaine Greer）、東妮・摩里森（Toni Morrison）或朗斯頓・休斯（Langston Hughes）*的作品，甚至是孔子的著作，如果它們說的是真話、人類的真話，那麼坐在喬治亞州薩凡那（Savannah）門廊的老白人、舊金山的亞裔婦女或堪薩斯州的牧場主人都會說：「那就是真實。」自傳體的形式讓我著迷。幾年前紐約有一位編輯問我要不要寫自傳，我說：「不要，我是劇作家和詩人。」他說：「嗯，不寫也好。自傳要寫得又好又有代表性，幾乎不太可能。」當時詹姆斯・鮑德溫（James Baldwin）†是我的好朋友，跟我像是兄弟一樣。我知道那位編輯曾對詹姆斯說：「瑪雅・安傑羅說她不寫（自傳），我不知道該怎麼辦。」詹姆斯說：「你如果想叫瑪雅寫什麼，就故意激她，說她寫不出來！」不過五十年之後，他否認說過這句話。

**楊．馬泰爾**（《少年Pi的奇幻漂流》作者）：

偉大的作品裡會帶著一只手提箱，任何年紀的人都可以打開它，而且受到影響。比方說《伊里亞德》（*Iliad*）已經流傳快三千年了，那些主角受困的狀況、激動的情緒和眾神任意捉弄造成的痛苦和悲劇，還是會讓我們深感共鳴。這只手提箱有滿滿的情感，因為情感是不可或缺的，作品如果不能喚起我們的任何感覺，也就難以讓我們投入其中。不只如此，一部作品的效果必須更深刻，對思想也要有所啟發，才是偉大的作品，讓人有不同的想法。正是情感充盈與理智洞見的巧妙結合，才能讓一部作品穿越時空，永遠新鮮。

* 編注：潔曼．葛莉兒是澳洲學者作家；東妮．摩里森是美國非裔文學家，曾獲得諾貝爾文學獎；朗斯頓．休斯是美國詩人、小說家。

† 編注：美國作家、社會運動家。

# Q 書寫文字如何與其他文化形式並存？

**瑪雅・安傑羅**（美國詩人、作家及民權運動家）：

書寫文字是文化的基礎，是它的脊椎。就像軀幹和四肢都連接脊椎，必須依靠它來運作。如果我們沒有文字，也不會產生其他的交流形式。我現在看到最讓人悲傷的一件事情，就是年輕人對明天毫無信心。看到那些人從一無所知變成一無所信，真是非常可悲。當大家不再善用語言來說明自己的想法，只剩下簡單的「嗯」、「喔」、「我喜歡」，實在糟糕透頂。如此一來，你就說不出人生的美妙和人類的幽微處境了。

**楊・馬泰爾**（《少年Pi的奇幻漂流》作者）：

我們都是語言的動物。人類的互動幾乎都要使用語言和文字。當然不是說靜默和手勢毫無緊要，但語言和文字還是我們人類最重要的特質，人類的各種活動幾乎都可以用語言和文字來表達。不管是在做愛、戰鬥或跳舞，我們都可以說話。我知道的任何一種藝術形式都會運用語言和文字，至少在概念或構想上是如此。比方說，視覺藝術和舞蹈編舞最後的呈現方式也許不會使用語言和文字，但是在之前的構思創作階段，語言和文字大概都還是會派上用場。所以語言和文字當然會跟其他文化形式並存。

## Q 虛構小說和故事能否消除人們對於性別、性向及種族等刻板印象？

**艾莉芙・夏法克**（作家，女權運動者）**：**

這麼多年來，我每出版一本新小說，就會遇到許多來自不同背景的讀者。比方說在土耳其，你如果仔細觀察來參加我演講或排隊等待簽書的讀者，就會注意到大家看起來很不一樣。其中有左派、自由派、世俗主義者、女權人士，還有蘇菲派（Sufis）或神祕主義者等各種不同的人。也有一些保守人士和虔誠婦女會戴著頭巾，這些人可能是庫德人、土耳其人、亞美尼亞人、希臘人、猶太人或阿列維教派的人。我覺得能吸引到這麼多不同的讀者對我來說很重要。在這個心靈貧乏、每個人都陷於文化隔閡的國家，我覺得文學最重要的是要敞開大門接納各種背景的人。我也不諱言，我有許多土耳其讀者相當仇外，因為他們就是在那種環境中長大。如果問他們對於少數民族的看法，很可能會說出一些非常偏頗的話。還有，我也有很多讀者討厭同性戀，因為他們在社會中只聽得到這種觀點。但是這些讀者後來告訴我：「你知道嗎？我讀了你的小說，那個誰誰誰是我最喜歡的角色。」──他們指的那個角色也許是亞美尼亞人、希臘人或猶太人，可能是同性戀、雙性戀或是跨性別。對於這個矛盾的難題，我想過很多。這些在公開場合中持有偏見且不寬容的人，為什麼在私底下心胸會變得比較開放呢？我想這一切不只是巧合吧。

## Q 書寫對年輕人的文化有什麼作用？

**瑪雅・安傑羅**（美國詩人、作家及民權運動家）：

我不是要故意看不起臉書之類的東西，但是不知道為什麼，在科技進步、出現電視和其他發明產物之後，好像什麼都變了。訊息發送對我們的影響如此之大，甚至有好幾百人因為開車或走路發送訊息而直接撞牆，甚至喪生，這真的是很不幸。但我並不是說我們要拋棄科技，而是應該要利用自己的優勢，盡量運用那些證明有效的方法。年輕人都有自己心目中的英雄，但在你聽到他們的英雄說了些什麼的時候，你會懷疑他們為什麼選擇那些人。我算是非常幸運的，我是身高六英尺的非洲裔美國女性，我在體育場演講，有五千或一萬名觀眾願意付錢來聽我說話。我真是幸福。有另一個節目的製作人跟我說，我在臉書上的粉絲頁有三百八十幾萬人按讚，其中大部分是年輕人。這告訴我大家都想尋求什麼，想要些什麼。我試著告訴大家真話，希望它能被接受。但我不是唯一這樣想的人，還有很多人很關心年輕人，也想要告訴他們真話，鼓勵他們提升自我。

## Q你認為寫作必須承擔道德責任嗎？

**瑪雅・安傑羅**（美國詩人、作家及民權運動家）：

我認為每個人都要承當道德責任，不管是屠夫、麵包師或做蠟燭的人。我們對其他人都負有道義責任。你要用別人、甚至是另一個國家的人都可以看到和理解的方式來說出真話。泰倫斯（Terence）說：「我是一個人；沒有任何人類對我來說是陌生的。」各位如果查一下百科全書，就會知道這位泰倫斯是古羅馬時代的泰倫提烏斯（Publius Terentius Afer）。他原本是羅馬元老買下的非洲奴隸，後來這位元老將他釋放，賦予他自由。泰倫斯日後成為羅馬最受歡迎的劇作家之一，但他當時不知道自己有朝一日也能成為羅馬公民。這句話和他的劇本從西元前一五四年一直流傳到現在：「我是一個人；沒有任何人類對我來說是陌生的。」

**楊・馬泰爾**（《少年Pi的奇幻漂流》作者）：

不用，藝術只是個見證。見證好事、也見證壞事，它見證一切。能寫出一本好書的未必是個好人。好書也未必就要說出振奮人心、圓滿大結局的熱血故事。你看流行音樂的歌詞常常被人瞧不起，但這不表示它們不是很棒的流行歌曲。其實寫作需要努力，也需要技巧，而且要很努力才寫得好。我認為否定生活也寫不出好作品，那樣的作家很少。我也不相信虛無主義文學，真的虛無也不必寫了。它更像是一個起點，或一個困境；作者在某種程度上解決這個困境，或者讀者以自己的反諷感來面對。

## Q 為何很多書寫文化都在懷念過去？

**艾莉芙・夏法克**（作家，女權運動者）：

我來自集體健忘的社會。如果你在伊斯坦堡繞一圈就會知道這裡有豐富的歷史，但我們對於過去的記憶卻很薄弱。這種矛盾感一直困擾著我。我認為記憶也是一種責任。我說的不是要陷在過去，而是從過去加以學習，看清它的美麗、它的殘暴和複雜性。我們需要以一種微妙而平靜的方法來面對歷史。在中東地區，「理性的現代主義者」的問題是，他們只看未來，把此時此地當作可以自由揮灑的空白，完全沒注意到原本的政治與社會是過去的延續。另一種極端則是民粹主義者或伊斯蘭主義者，這些人只看過去，鼓吹的是已經失去的黃金時代。至於為什麼會失去？因為被「他們」搶走了！「他們」是誰呢？每個國家的答案都不太一樣，總之都是指責外國人、少數民族、叛徒或外來勢力。這些言論主張都很有煽動力。雖然這種版本的輝煌歷史很浪漫，卻帶有危險和毒素。我最近寫的文章都在探討帝國懷舊感，這幾十年在俄羅斯、奧地利、匈牙利、土耳其和德國都出現這種思潮。我們要特別注意幾個在歐洲跨國界的老帝國區域，有些民粹派不斷利用「失去往日榮光」的概念來煽動民心。

---

英語 nostalgia（懷舊、懷鄉）中的 algia 字根，可以追溯到希臘文的 algos，意指身體

上的痛苦或不適。研究指出，當我們處於變動和不確定的環境中，這種既高興又悲傷的感受最為突出，苦樂參半也許就是最好的描述：高興的是可以重溫往日的美好時光，而痛苦則是知道我們都無法回到過去。不管是個人懷舊（自己的回憶）還是歷史懷舊（遙遠的過去），我們都會用浪漫情感和懷舊記憶相聯繫，呼喚起深刻的感受，有這種經歷的人大概對此都不陌生吧。懷舊的誘因有很多種，不過威力最強大的一種是音樂，這種藝術形式也可說是一種語言，可以喚起清晰的往日記憶，其他形式的文化都難以達到這種效果。

## Q 音樂在人類經驗中扮演什麼角色？

**魔比**（音樂家和製作人）：

我想對於人類的處境，大家人都感到有點困惑吧。雖然我們都只有幾十年的壽命，但我們存在其中的這個宇宙卻已經存在一百四十億年之久，完全無法想像這是多麼漫長的時間。我們也許會說自己今年四十歲，但如果從量子層次來看，你身體的任何部位都不會小於一百四十億歲。在面對一個我們難以理解、古老而遼闊的宇宙，音樂帶來一種自我生成的奇異頌讚。

**漢斯・季默**（德國電影配樂大師，配樂代表作爲《獅子王》）：

音樂是我們人類少數幾樣比較擅長的事情之一。回顧音樂的歷史，你會發現很久以前峇里島的猴子就會聚在一起很像在唱歌。那些猴子是在森林裡呼叫，最後變成像是在唱歌。各位如果去參加狂歡聚會或是去看足球比賽，也會發現大家都喜歡吟唱某種旋律，人類都喜歡這麼做。我們喜歡參與和組織這種活動。這就是音樂最原始的形式。後來我們學會欣賞更高層次的音樂，例如莫札特的豎笛協奏曲第二樂章，你一定會被它感動！音樂會讓你重新發現自己的人性，以及我們和所有人的牽絆聯繫。我們跟大家一起聆聽莫扎特的音樂，會感受到原來大家都在一起。我想，偉大的詩也是如此。

# Q 你認為什麼是表演藝術？

**郎朗**（中國鋼琴演奏家）：

我認為，演奏者和樂器之間沒有距離，但這對彈鋼琴的人來說並不容易。如果是吉他，你可以把它拎起來，就像抱著身邊的一個朋友；小提琴也一樣。這些都是使用樂器演奏。可是鋼琴好像有自己的形體站在那裡，彈鋼琴的人要付出更多努力才能演奏這個樂器。光是坐在那裡用雙手彈奏是不行的，在彈出第一個音符之前，你的頭腦和心要先跟它連結在一起。

## Q 風格是文化的延伸嗎？

**魔比**（音樂家和製作人）：

各種影響風格誕生、維持和變化的因素，以及我們對風格的感受，其實都涉及混沌理論（chaos theory）的領域。那些變數可以說有無限多種，而且沒人說得清楚。我們可以給一個比較圓滑的答案，比方說，那些喜歡黑人節奏藍調（R&B）的白人，最後做出來的就是搖滾樂，但實際情況比這要複雜得多。我不想說得太深奧，但我認為這和神經可塑性（neural plasticity）有關。現在神經醫學專家漸漸知道大腦的流動性和可塑性，但研究顯示，我們也有一種想要保持固定不變的傾向，對於熟悉的事物希望維持不變。我們在愛國主義和對運動團隊的狂熱支持中會發現這種傾向，而藝術上的「風格」也是由此而生。這不只是偏愛而已，更是一種原始的部落忠誠。而這也有功利的一面：因為過去唱片的價格昂貴，而且不是那麼容易買到，我們買唱片就會比較忠於收集某一種風格的音樂。但是，現在音樂可謂無所不在，甚至可以不必花半毛錢，隨著這種條件發展下去，將風格分門別類似乎成為過時的想法。如果在三十年前談音樂，我們的朋友幾乎各自都有非常喜歡的風格。但我現在想起自己的朋友，他們已經很少說自己喜愛什麼風格，只會談音樂本身。

**漢斯．季默**（德國電影配樂大師，配樂代表作爲《獅子王》）：

當然！例如，我一直認為饒舌音樂（從某方面來說）是從藍調和勞動歌曲（work songs）衍生出來。這是帶有強烈政治感和社會概念的表現風格。另一方面，原本歐洲的藝術音樂是為了豪奢晚宴或歌劇需要演奏優美的音樂而產生。前者是揭露真相、追求真相，充滿前進的動力；後者則愈來愈誇張、冗長，必須仰賴特定的贊助支持。音樂風格也演化出許多變種。比方說鼓吹軍國主義的音樂，我認為那根本不是音樂，只是一種恐怖聲明，是在濫用音樂。而有源源不絕的情歌是有原因的，儘管表達方式有些微不同，但其實都是訴說同樣的事。在流行音樂方面，我們會想要組樂團，尤其在年輕時很自然會想再找三個人一起玩音樂。要做出好音樂，就要像年輕時那樣膽大無畏。我認為這也是很多樂團後來會解散的原因。而且，大膽無畏、冒險犯難的精神一直都存在，但是我認為他們不知道如何公平對待彼此。組成樂團，他們就是一體的，要一起為自己做的音樂承擔集體責任。

**郎朗**（中國鋼琴演奏家）：

我們討論古典音樂的時候，其實是在說某個時期的音樂，並不單指哪種風格或流派。在這種情況下，你可以區分出巴洛克、浪漫派、印象派、當代，還有其他更多風格的古典音樂。許多人往往會誤解，聽到某些音樂就以為：「這是古典音樂！」但它其實跟別的音樂沒什麼兩樣，可能只是組織編排得更嚴密而已。音樂都是要表達個人某時某刻的情感和激情。也許是三、四分鐘的流行歌曲，也許是三十分鐘長的奏鳴曲。它們都能帶你走上一段情感充沛的歷程，各自擁有不同的高峰和低谷。不管是什麼音樂風格，製作音樂的想法都是一樣的，就是要表達個人的觀點和想法。

## Q 音樂和語言有什麼關係？

**魔比**（音樂家和製作人）：

這是西方哲學千年來一直在處理的主題：什麼是可以知道的問題，而又該如何溝通？二十世紀初的哲學家維根斯坦（Ludwig Wittgenstein）出版《邏輯哲學論》（*Tractatus Logico-Philosophicus*），基本上就是要回答這個問題，他說人類唯一有意義的交流方式是透過數學。他認為（數學）是一種不容主觀詮釋的語言。不過幾十年後他幾乎又推翻這點。他並不是說藝術、言語和書寫都沒有意義，只是說這些溝通基本上是主觀的形式。而音樂超越語言的限制。雖然英文的詞彙量很多，但還是有限。音樂則填補語言文字難以企及的空白。音樂運用的是我們無法透過語言或書寫來表達自我的方式，彌補了語言和書寫的不足。

**漢斯・季默**（德國電影配樂大師，配樂代表作爲《獅子王》）：

音樂絕對是語言的延伸。指揮家伯恩斯坦（Bernstein）在幾次的哈佛講座中，精闢闡釋音樂的起源。我們有一個全世界共同的詞：「媽媽」。你如果唱得快一點、大聲一點，媽媽聽到你的聲音，就會過來餵你吃東西。從這個意義上來說，音樂也是出於生存的需要。但跟所有美好事物一樣，一旦我們行有餘裕，不再只是掙扎求生，那些美好事物就會慢慢變成藝術。

**郎朗**（中國鋼琴演奏家）：

音樂總是與你同在。你如果一直練習、一直演奏，它就會陪伴你一生，這是多麼美好的禮物。對我來說，聲譽、名望和其他東西雖然很重要，但沒有任何東西比得上天賦的音樂才能。這才是我真正的財富。音樂天賦就像你在金銀島上找到的寶藏。你不必是大師級高手，不管你的彈奏技巧如何、年齡多大、有沒有錢或是什麼身分地位，音樂都是一門可以帶來夢幻感受的藝術。它會一直陪伴你，這是多麼特別、珍奇而美麗。最美妙的音樂會一直留在我們心中。也許是來自巴哈或貝多芬，也許是韓國流行樂或電子舞曲。好音樂就像莎士比亞的偉大作品，會在社會中占據獨特的地位，與我們的心靈緊密相連，就像傳統的童話故事、小說或戲劇一樣。音樂會滲入我們的根基，幫助我們成長、茁壯、變得更好。音樂讓我們想起過去，同時也訴說著現在和未來。

---

我們看到魔比和漢斯的想法似乎有點分歧，但不管音樂是語言的延伸，還是可以超越語言，論點大致相似：音樂可以傳達傳統書寫形式無法完整傳達的概念。

以我來說，我覺得如果不談到電影，就無法訴說文化的故事。從我們開始創作藝術，動態影像就一直伴隨著我們。從史前時代的陰影遊戲，到後來的皮影戲和投影暗箱（camera obscura），我們一向著迷於以動態的方式來創造和觀察生活上的文化與社會重要面向。不過這一切都要等到十九世紀中期，技術發展逐漸成熟到位，才開始出現電影，也就是像我們今天所看到的這樣。發明家和藝術家不只是用電影來記錄生活，也開始用它來創作故事。我們特別注意動態影像，也許是有一些原始和令人感到安慰的理由：或許我們天生就特別注意環境中的變動，時時提防，準備給予回應吧。從我們對於動態影像的注意到情感上的反應，或許可以解釋電影和影片為什麼會主導文化。

## Q電影為什麼會成為文化的重要組成部分？

**保羅・葛林葛瑞斯**（英國電影導演、編劇）：

電影既是商業也是藝術。從一開始就是如此，就跟戲劇一樣。電影占據文化的中心位置，因為它很大眾化，大家都可以去看電影，也都看得懂；動態影像很能吸引人的注意，也會進入你的潛意識。大家一起去電影院看電影，那種感覺就是美。大導演大衛・連說他小時候去戲院看電影，看到射向大銀幕的那道光，就像是從大教堂窗子射進來的一道靈光，帶有一種虔誠的敬畏。那裡頭好像有什麼，而電影就是帶著一種神祕與魔力。這並不是要說電影比其他藝術形式更好或更壞，而是強調它對於情境和記憶的創造極具情感上的潛力。電影的力量讓你又叫又跳，讓你感動，讓你哭、讓你笑，創造出跟我們一樣或讓我們嚮往的角色。

## Q電影作為一種表達方式，扮演什麼角色？

**肯・洛區**（電影製片兼導演，曾兩次獲得坎城影展金棕櫚大獎）：

電影一直有一種矛盾。它一方面為影像、聲音、戲劇和評論提供幾乎無限可能的媒介，可以運用小說、戲劇的故事，以及運用聲音、音樂等所有元素進行編輯和剪接。既然電影的可能性如此廣泛而深刻，何不利用這種語言來表達呢？另一方面，電影也是商業活動。人類史上最早的電影節目就只是博覽會、商業活動和遊藝場的娛樂消遣。相較於劇院活動，早在伊莉莎白時代和詹姆士一世時期*的劇作家，他們的寫作水準就如同我們所想像的一樣深刻，但是電影則不是如此。電影是商業活動，其中包含兩股張力。商業掌握在跨國公司手上，電影即是由跨國公司所有，而且電影事業也只是這些大企業利益的一部分而已。像好萊塢或寶萊塢就很會運用財務優勢，金錢決定了電影的發展方向，整個產業只有一小塊空間留給所謂的藝術電影。現在甚至有些獨立製片也被跨國公司買走，由此可知缺乏重要商業元素的電影，想要成功的機會很小。很多人想要製作極具創意和表現力的電影，可是市場空間並不大。

## Q 什麼是偉大的故事？

**肯・洛區**（電影製片兼導演，曾兩次獲得坎城影展金棕櫚大獎）：

我一向直接與作家合作，那些故事常常是來自彼此的對話，以及我們一起分享對世界的種種看法。好故事可以揭露社會的真實面，而不只是一群角色而已。你要揭露的是比個人生活和處境更加深刻的事物，而一個故事就是一場對話。你會感覺到那些重要的事情，知道怎麼剪輯，知道什麼是富有想像力，以及什麼是有趣的事情。我的目的是要找到一個看似微小、但可以揭露深層問題或衝突的故事，一個可以反映更大層面的縮影。

---

電影的力量非常強大，無庸置疑，你在印度就會看到這一點。很多印度人的身分認同可以說和電影密不可分。寶萊塢（印度電影的統稱）每年發行一千多部電影，可以說是十幾億印度人思考社會與文化問題的論壇。大銀幕上的明星受到影迷近乎偶像崇拜的追捧，他們在印度具有不可思議的力量和影響力。我在印度裔的社區長大，親眼目睹這件事。對我爸媽來說，觀賞印度電影不只是懷念「故鄉」，也是一種理解印度文化如何隨著時間演變的方式。

---

＊編注：伊莉莎白時代為一五五八年至一六〇三年；詹姆士一世時期為一六〇三年至一六二五年。

# Q 電影與印度文化有什麼關係？

**悉達多・羅伊・卡普**（印度電影製片人，曾任印度迪士尼公司常務董事）**：**

印度電影已經有一百多年的歷史，在這麼漫長的時間以來，一直是我們最重要的大眾娛樂。印度長期以來都很貧窮，直到過去十五年來才有相當數量的民眾脫離貧困，但我們還有很長的路要走。在這種貧困的環境中，看電影成為大家逃避現實生活的方法。躲在電影院三個小時，能夠讓人忘卻自己的困境，幻想自己是銀幕上的男女主角。這大概也是為什麼我們有那麼多電影都是為了讓人逃避現實、提供娛樂：大家生活已經夠苦了，何必在銀幕上看見同樣的現實？電影是印度文化不可或缺的一部分，深深根植於我們的日常生活，不管這個平台如何變化，都和過去一樣可以喚起許多觀眾的共鳴。

# Q 電影是否反映出印度是個更多元的國家？

**瑞塔許・西汪尼**（印度電影製片和經理人）：

我們拍攝影集《天造地設》（*Made in Heaven*）的時候，印度刑法第三七七條還是把合意同性戀行為視為違法，因此我們在劇中描述同性戀關係也是嚴重違法。但是在一個世俗價值觀與自由主義不斷發展的民主國家，這跟我們的理念背道而馳。等到我們拍完戲以後，最高法院已經廢除刑法第三七七條，很多人因此獲得自由，也可以自由討論這些事情。有時候，你的確會有些想法受到鼓舞，覺得一定要把那個故事說出來。有時候，你會發現全國都在熱烈討論某個問題，因此想要向大家表達與分享觀點。印度的觀眾因此可以接觸到世界各地的文化，而來自不同地區的內容也會激發和影響文化，讓我們的文化能夠吸收不同的故事。

**悉達多・羅伊・卡普**（印度電影製片人，曾任印度迪士尼公司常務董事）：

在一九四〇、五〇和七〇年代，就已經有很多電影談到社會禁忌的話題，現在，印度電影的題材又比以前更加多元了。傳統上印度電影是要拍給所有人看的，裡頭要有浪漫愛情、催淚劇情、趣味笑料、動聽歌曲、精彩舞蹈，還有讓人恨得牙癢癢的大壞蛋、曼妙華麗的大明星以及豪奢的場景。要讓電影成功，就要有以上的元素，這就是寶萊塢的類型電影，沒錯吧？隨著觀眾的喜好逐漸開放，我們也接觸到更多世界各地的電影，大家觀影的程度也都有所提升，可以體會一些不僅僅是逃避現實的娛樂。我們現在也可以處理一些主題，和社會對話。儘管逃避現實的電影還是賣得非常賣座，但現在也有一些商業電影院願意接納過去幾年前只能在藝術電影院或其他地方放映的電影。

## Q 音樂在寶萊塢扮演什麼角色？

**瑞塔許・西汪尼**（印度電影製片和經理人）：

印度的一切都是以音樂來慶祝！結婚典禮上如果沒有一整晚的音樂狂歡，那就不完整了。音樂深入人心，我們運用音樂來表達一切。在電影中，不管是什麼劇情，無論是慶祝、哀悼或悲傷，都可以配上音樂增添張力。印度音樂對我們文化的重要性，就像武術對中國文化一樣。不過在早期的印度電影中，劇中人物可能突然開始唱歌，主角像在作夢一樣跑到瑞士的阿爾卑斯山，繞著一棵樹談情說愛。現在則已經大有改善，音樂可以巧妙的融入劇情，一點也不突兀。不過，當然還是有例外。我們拍攝歌舞片《街頭有嘻哈》（*Gully Boy*）時，總共跟三十幾位藝人合作，製作十八或十九首歌。這部電影都靠音樂來表達，尤其是地下嘻哈，這種音樂風格在印度不算主流，但這就是這部電影的賣點。這是一種很有力量的次文化，理應成為主流文化。

**悉達多．羅伊．卡普**（印度電影製片人，曾任印度迪士尼公司常務董事）：

印度電影在敘事中積極有效的運用音樂。雖然運用方式可能有所改變（對嘴放錄音帶的情況沒以前多），在劇情上還是會利用音樂當作背景，幫助編劇講述他們想在大銀幕搬演的故事。

---

攝影是能夠傳達事物獨特性的藝術形式，以固定的空間和時間來講述一個故事，跟書寫文字頗為相似。寫作與圖像的關係，也許就是攝影之所以稱為photography的原因，這個字來自希臘文的phos（光）和grapho（書寫）；不過攝影對我們來說還有更深的文化意涵。作家兼哲學家維蘭．傅拉瑟（Vilém Flusser）解釋：「圖像是人類和世界之間的一種調解。人要『走進去』世界，但世界並非馬上可以進入，所以需要一些圖像，讓它便於理解。」

# Q 攝影在文化中有什麼作用？

**大衛・貝利**（流行時尚與人像攝影師）：

攝影是最棒的紀錄，讓我們可以記錄當下那一刻。如果你仔細想想，就會知道當下那一刻才是我們真正擁有的東西。只要一說出口，馬上就會成為歷史，只有照片可以留住那一刻。不用管那些藝術垃圾和所有的廢話，只要留著相簿，我們就留有回憶。光靠大腦無法記住所有的回憶，隨著年齡增長，你頭腦裡的硬碟遲早會超載。如果你翻翻一九七〇年代的照片或類似的影像，也許就會想起來：「噢，我記得那時候！」如果沒留下紀錄，那一刻也就永遠消失，沒人會記得。所以說，攝影才能捕捉那一刻，它比電影更重要。

# Q在了解自我方面，攝影有什麼作用？

**藍欽**（流行時尚、人像攝影師兼導演）：

這個問題說起來有點複雜，我知道很多人可能會認為攝影其實是讓我們覺得更困惑，而不是幫助我們了解自己或整個世界。我以為，攝影就是一種工具，跟大多數工具一樣，你可以用它來做好事，也能做壞事。當拿起相機的時候，你就應該要承擔與這台相機有關的一切責任；你要思考，你要拿它來做什麼？如果妥善運用，那麼好照片不管是在影像記錄、時裝表演或藝術創作等任何類型，都會為社會舉起一面鏡子，展示、揭露真相，或吸引大家注意某些荒謬或不可思議的狀況。如果誤用或濫用，攝影也可以用於純粹的邪惡。而在比較平庸的情況下，攝影則是用來賣東西。我認為自拍就是對自己推銷某種虛偽的理想形象，這是何等的悲哀。

# Q 攝影能否改變世界？

**大衛・貝利**（流行時尚與人像攝影師）：

我認為有一張照片讓越戰結束，那張照片拍到了身上著火的小女孩。但那是新聞照片，不是藝術，只是在現場發生的事情。拍照和攝影其實是兩回事。我並不是說拍照不重要，重要的是，如果時空條件都到位，那就會是一張很棒的照片。但光是這樣還不能說是藝術。在拍照當下，如果你身邊有五百位攝影師，也許他們都能拍出同樣的照片。還有一張很有名的照片，畫面中有個傢伙竟然開槍殺人。*事後證明這張照片給人的印象是錯的，因為被槍殺的人是真正的混蛋！

* 編注：應是指「西貢槍決」（Saigon Execution），攝影師艾迪・亞當斯（Eddie Adams）拍下越南警官就地槍決一名殺人犯的畫面。

我問大衛當今世界的狀況：攝影對我們生活的世界帶來什麼啟發？

**大衛・貝利**（流行時尚與人像攝影師）：

現在世界上的人實在太多。政客們一直在談石油，但最明顯的其實就是人太多了！最後這個世界一定無法承受。除非我們可以找到便宜的方法去別的星球，否則科學家也解決不了，而且他們也不想解決。我們現在就像是待在復活島，把樹砍光、燒光，結果被困在島上。在整個宇宙裡頭，地球就像是座小島。能讓所有人類團結起來的理由，大概只有發現外星人吧。

我又問大衛對外星人、未知的神祕現象和上帝有什麼看法？

**大衛・貝利**（流行時尚與人像攝影師）：

我只能按照常識去判斷，雖然這非常有限。如果真的遇見上帝，我想我大概也無法理解吧。我相信這個世界還有一些別的東西，也許是量子數學，誰曉得呢？也許我們只是黑夜裡的一場夢而已，這也沒人曉得吧？還有什麼集體電流（collective electricity），我不知道這到底是什麼！如果真的有人展示，我大概也看不懂，因為我的頭腦不夠大。我們永遠無法找到真神，因為我們頭腦還不夠大。有個故事說庫克船長第一次與原住民接觸時，原住民看不到他的船，因為他們無法理解那些大船是什麼。基本上，這和我們能不能看到上帝是一樣的道理。

**藍欽**（流行時尚、人像攝影師兼導演）：

我是托斯卡尼（Toscani）*的超級粉絲，我認為他製做的一些廣告是有史以來最大

*編注：Oliviero Toscani，義大利傳奇攝影師，因為拍攝一系列具有爭議的廣告而聞名。

膽的表現。他的方法非常前衛，讓大家都不禁停下來思考自己的生活。他的「班尼頓顏色」（Colors of Benetton）*系列廣告非常直接又極其簡單，這就是為什麼它如此令人震驚。我認為這就是一個很好的例子，讓人理解通常被視為平淡的影像也能改變大家的思考方式。身為攝影師，要記住我們是人，和大家一樣的人。不管你是剛果的無名氏或者是一線的名人，都能夠用一幅圖像改變社會觀念或大眾的意識。我以前也說過，我覺得最好的影像就是向世界展示大家以前沒看過的東西，或者是為社會舉起一面鏡子，裡頭帶有批判、諷刺、有趣或慶祝的義涵。

## Q 藝術的力量是什麼？

**翠西・艾敏**（英國藝術家）：

雖然聽起來像是胡扯，但請大家聽聽我的解釋。我不能提出什麼證明，但我真的認為具有信念和情感的藝術自有其重量，就像實體的重量一樣，因為藝術承擔了世界的情感重量。這宛如情感的地獄，充滿嚎叫、激情以及任何融入藝術品中的情感，就像是裹在膠囊裡頭，兀自搏動、呼吸，隨時會爆發出來。藝術承受這種張力、壓力，承受恐懼和縱容。它就像是原子，將所有情感都融入這些圖畫之中，進入顏料的原子，牢牢的嵌合在一起。如此一來，它們才不會爆炸、不會發瘋，只是掛在牆上，默默顫動。這就是藝術為何存在的原因。這也是我知道自己的作品好或不好的原因，以及為什麼很多作品反覆畫了又畫。我可以畫出好畫，而且畫得非常好，這對我來說很簡單。但這不是重點，因為那是工匠做的事，我不是畫畫的工匠。藝術對我來說是另外一回事。如果不做自己想做的事，就完全沒意義了。

* 編注：托斯卡尼爲義大利時裝品牌班尼頓拍攝一支廣告，讓九位不同膚色、種族的裸男裸女互相擁抱，希望呈現接納多元、維護平等的精神。

# Q年輕世代與藝術運動之間有什麼關係？

**布雷克．梭特**（美國嘻哈樂團Roots主唱）：

我認為千禧世代的藝術、時尚和音樂，都不是為了滿足我這個年紀的人，但是那一樣是藝術。那就是他們的藝術。千禧世代的藝術媒介是科技，這也是他們表達自我的方式。這不一定需要我們的理解，也無關乎我們想不想理解。我試著去欣賞那些東西本來的面目。表面上來看也許有點膚淺，但是那自有其真實性和深度，是千禧世代才做得出來的作品。回想起自己二十幾歲的時候，我也不怎麼在乎父母輩對我所做的事情的想法，因為我更在乎同輩朋友的看法。

---

如果漏掉食物，那麼對文化的討論就不算完整。食物不僅是所有生物生存所需（和空氣、水、住所與棲息地一樣重要），也是一種營養、自然、文化、精神、社會公益、需

求、審美對象和藝術。食物也牽涉到社交，這是可以讓彼此親近的活動，對於感官的吸引力更是生活其他方面所難以匹敵。現在全球各地的文化有很多都是靠食物的關係來定義，而飲食饗宴也代表了身分交流與傳統傳承，具備深厚的象徵意義，在許多儀式中發揮核心的作用。在我成長的印度教家庭裡頭，食物的文化意義代表一切。赫斯頓・布魯門索和艾倫・杜卡斯（Alain Ducasse）不只是我們這一代最重要的廚師，同時也是哲學家和文化復興的思想家。各位如果要更深入理解食物的文化作用，再也沒有比這兩位更好的人選！

## Q 為什麼食物對我們這麼重要？

**赫斯頓・布魯門索**（英國米其林三星名廚）：

我們有一種特殊能力，可以想像那些根本不存在的東西，這讓我們可以建立共同信仰和文化，包括：語言、宗教、科學、數學、音樂、種植、舞蹈、社群媒體、州縣府治、國家民族、足球隊，這些其實都是人類相信的理念。當然，我們還有兩個最大的共同理念：金錢和時間。所有理念的背後是我們的意識，而意識的發展與我們的覓食能力緊密相關；時至今日，我們已經不必翻山越嶺去狩獵就能讓家人吃飽，要取得食物比過去容易得多，所以我們人類其實是把自己馴化了！與我們生存關係最密切的是空氣，我們都要靠它呼吸，然後攝取一些液體和固體物質作為能量，之後才能和其他物質和生物（像是山、魚、動物），還有其他所有事物發展關係。要展開人生旅程，首先要飽餐一頓。

人類這個物種是從狩獵採集開始，一小群人聚在一起互相幫忙才能找到食物並生存下去。我們的內分泌和荷爾蒙系統都是在這個過程中慢慢發展出來。為了生存，我們以食物為中心一起發展出共有的文化。我們的狩獵、採集、準備和進食，都受到荷爾蒙與情緒的驅動。你可以想像一下，遠古人類在森林裡發現一朵蘑菇的情況：在那一小群人裡頭，一定有某個人先咬一口蘑菇，如果他沒被毒死，才能告訴大家：「這個不錯！我們可以吃這個。」最初幾千年也許就是這樣覓食，讓大家一起活下去。時間快轉幾千、幾萬年後，農業出現了，人類開始依靠耕作和種植，有了剩餘物資才能交易。我們在獵人採集時期重視的是時機，到了農業時期最重視的是作為資產的食物，而且非常害怕失去這些資產。再經過幾千、幾萬年到今日，我們生活在一個不用憂慮普通疾病的社會，但是取而代之的是孤獨、糖尿病、阿茲海默症、老人癡呆、帕金森氏症等等。當人類的壽命更長了，生活比過去任何時候都來得更舒適，我們也就變得更害怕失去生命。

# Q 食物在我們的文化中扮演什麼角色？

**赫斯頓・布魯門索**（英國米其林三星名廚）：

一百三十八億年前發生大爆炸。「大爆炸」之後，形成分子和原子（化學），之後又形成一些有機體（生物學），它們的存在都是由數學及可預測結構的系統來支配（物理學），其中某些生物演化出意識（歷史）。烹飪和飲食牽涉到所有的領域。我們找到植物、肉類、魚類、水果和種種食材，再把食材剁碎、加熱，送進炭窯，對它們進行某種處理（物理學）。這些食材發生物理和化學反應，由於分子和微粒的變化（化學）

而改變口感、散發香味，然後你就可以把它們吃掉（生物學）。你如果願意動筆，甚至還能把食譜記下來（歷史紀錄）。所以食物涵蓋這一切：物理、化學、生物學、語言、數學、音樂、舞蹈、哲學、心理學、地質、地理，一切都包含在內。但是現在大部分課程都把食物這一項刪除，我們在教育上並未給予應有的關注！這不只是你、我的責任，每一個人都應該要傳授孩子關於食物的知識，讓他們可以更了解自己，了解自己與世界和他人的關係。你愈清楚自己和所吃食物的關係，在飲食過程中就會有更清晰的自我意識，如此也就不會飲食過量，因為你對食物會更加珍惜。這就是正念。你可以隨手抓一把葡萄乾塞進嘴裡囫圇吞下，也可以把每一顆葡萄乾拿起來仔細觀察，看看它長什麼樣子，感覺其結構、質地，並在咀嚼時品嘗風味、甜味，感受自己和它的關係。但是這樣的親密關係，我們現在卻都覺得理所當然，渾然不覺。

**艾倫・杜卡斯**（法國名廚）**：**

不管是在什麼時代，也不論是在全世界的任何地方，食物都是人類生活的核心。

布里亞．沙瓦林（Brillat-Savarin）*說得很透澈：「說說你都吃什麼食物，我就知道你是什麼樣的人。」首先，食物是人與自然的連結。飲食包含選擇能吃的東西，也包含著文化意涵：在什麼情況下要吃什麼，以及如何烹調。最重要的是，我們如何分享這一刻？餐桌是人類文化的縮影，也是全世界最文明的地方。

---

我不想要淡化你我在生活上碰到的挑戰，但是跟人類史上過去的種種恐怖相比，現代人的生活大都顯得較寬裕、安樂。老祖宗在地球上的歲月（他們的壽命），大概都只有現在正常人的三分之一而已，他們一生大部分的時間都在為生存而戰，而且是最低限度的生存，近似於我們現在認為的野外生活。

不過我們隨身帶著一顆一．七公斤重、具有運算能力的超級大腦，讓我們擁有意識，

---

* 編注：十九世紀的法國律師、政治家與美食家。

還可以在空間和時間上定位自我。因此，不管是個人或是集體，我們都知道我們擁有歷史、未來和死亡，而這些特質一一反映在我們的文化之中。正如楊．馬泰爾跟我說的，就我們所知，動物並不會想要了解自己是誰，只有我們會。瑪雅．安傑羅對此也有共鳴，她說我們內心都有一股衝動，想透過藝術、透過愛，運用書寫文字向他人解釋自我。這就是我們跟其他動物最大的區別，也許是我們最偉大的天賦才能。

藝術就是在尋找意義，在我們發現人類最早存在的古老遺骸，也發現許多殘留的文字、圖畫，分享了知識、訊息和美，甚至還有表達存在的「我在這裡」的遠古石刻殘跡。在人類逐漸發展的同時，我們也在分享知識與歷史的方法中繼續展現自己的存在。我們發展出更複雜的語言、藝術、詩、音樂和電影，用更複雜的方式來展現自己的存在，分享我們的故事、我們的知識、我們的歷史和我們的未來。藝術在文化上一向是引發變革的巨大力量，也是我們最大的共同點，可以幫助我們了解彼此和自己生活的世界。

文化是一種融合的過程，為整個生活提供脈絡，提供理解一切的視角鏡頭。就像楊．馬泰爾在訪談時說的，如果沒有文化、沒有故事：「我們只是孤孤單單的動物，傻傻的穿過原野，不知道自己何去何從。」是文化形成的故事給予我們答案，告訴我們自己是誰，我們一路走來的軌跡又是如何。文化既抽象，又有形；如果我們要詩意的探問文化是由什麼構成，我認為答案很簡單，那就是我們的真相。

# 訪談者簡介

◆**艾德・卡特莫爾（Ed Catmull）**：美國電腦科學家，皮克斯（Pixar）動畫製片聯合創辦人，迪士尼動畫工作室（Walt Disney Animation Studios）總裁。

◆**瑪雅・安傑羅博士（Dr Maya Angelou，一九二八年–二〇一四年）**：美國詩人、作家及民權運動者。最有名的著作是七部自傳系列作品，第一部爲《籠中鳥爲何高歌》（*I Know Why the Caged Bird Sings*）。

◆**詩人喬治（George the Poet）**：英國口語藝術家、詩人、嘻哈歌手，以及獲獎肯定的「podcast」主持人。

◆**楊・馬泰爾（Yann Martel）**：西班牙裔加拿大作家，作品《少年Pi的奇幻漂流》（*Life of Pi*）榮獲布克獎，全球銷量達一千兩百萬冊，改編成電影再受奧斯卡獎肯定。

◆**安德魯・莫森爵士（Sir Andrew Motion）**：英國詩人、作家和傳記作者。他是一九九九年至二〇〇九年的英國桂冠詩人，也是詩歌檔案館（Poetry Archive）的創辦人。

◆ **雷門・西舍（Lemn Sissay）**：大英帝國五級授勳（MBE），是詩人，暢銷書《我的名字是爲什麼》（*My Name is Why*）作者，二〇一九年榮獲國際筆會（PEN International）特獎。曾擔任二〇一二年倫敦奧運會代言詩人，曼徹斯特大學校長。

◆ **布雷克・梭特（Black Thought）**：美國嘻哈歌手，是葛萊美獎嘻哈樂團Roots主唱，這個樂團是他跟鼓手魁斯洛（Questlove）一起創設。

◆ **索爾・威廉（Saul Williams）**：美國嘻哈歌手和音樂家，擅長詩詞與嘻哈音樂的融合。同時也是知名演員，參與演出一九九八年獨立電影《*Slam*》及二〇一三年音樂劇《荷樂聽我唱》（*Holler If Ya Hear Me*）。

◆ **艾莉芙・夏法克博士（Dr Elif Shafak）**：土耳其裔英國作家、學者和女權運動者。她的著作已翻譯出版五十一種語言版本，她在藝術與文學的貢獻獲得法國文學騎士獎的肯定。

◆ **魔比（Moby）**：音樂家和製作人，全球唱片銷量達兩千萬張。除了音樂之外，也是知名動物權利保護人士。

◆**漢斯・季默（Hans Zimmer）**：德國電影配樂大師兼唱片製作人，電影配樂作品超過一百五十部，包括《獅子王》（*The Lion King*），並在一九九五年獲得奧斯卡最佳原創配樂獎。

◆**郎朗**：中國鋼琴演奏家、教育家和慈善家，曾與世界各地知名樂團合作演出。

◆**保羅・葛林葛瑞斯（Paul Greengrass）**：榮獲許多獎項肯定的電影導演、製片和編劇，他以手持攝影機和拍攝歷史材題而聞名。

◆**肯・洛區（Ken Loach）**：電影製片兼導演，作品以富含社會批判及社會主義理想風格而聞名。曾兩次獲得坎城影展金棕櫚大獎，作品《鷹與男孩》（*Kes*）在英國電影協會的二十世紀電影票選活動中排名第七。

◆**悉達多・羅伊・卡普（Siddharth Roy Kapur）**：羅伊卡普電影公司（Roy Kapur Films）製片、創辦人兼總經理，印度電影和電視製片人協會主席。曾任印度迪士尼公司常務董事。

◆**瑞塔許・西汪尼（Ritesh Sidhwani）**：印度電影製片和經理人，與法罕・阿克塔（Farhan Akhtar）一起創辦艾克賽影業公司（Excel Entertainment）。

- ◈ **大衛・貝利（David Bailey）**：大英帝國三級授勳（CBE），是流行時尚與人像攝影師，一九六〇年代協助推動「搖擺倫敦」（Swinging London）運動而受到讚譽，也是一九六六年電影《春光乍現》（*Blow-Up*）主角人設的靈感來源。

- ◈ **藍欽（Rankin）**：流行時尚及人像攝影師兼導演，《眩惑》雜誌（*Dazed and Confused*）共同創辦人，《飢餓》雜誌（*Hunger*）和藍欽電影公司創辦人。拍攝過許多名人肖像，包括凱特・摩絲（Kate Moss）、大衛・鮑伊（David Bowie）和女王伊莉莎白二世。

- ◈ **翠西・艾敏（Tracey Emin）**：大英帝國三級授勳（CBE），是藝術家，皇家藝術學院院士。創作以自傳性質聞名，她運用過各種媒介和形式，包括繪畫、雕塑、電影和霓虹燈文字裝置。

- ◈ **赫斯頓・布魯門索（Heston Blumenthal）**：大英帝國四級授勳（OBE），是英國名廚兼電視節目主持人。他的餐廳「肥鴨」（The Fat Duck）是英國五星級餐廳，也獲得米其林三星評鑑，在二〇〇五年獲票選爲世界第一。

- ◈ **艾倫・杜卡斯（Alain Ducasse）**：法國廚師，在全球各地擁有二十幾家餐廳，其中三家獲得米其林三星評鑑。

# 第三章

# 領導

## 凝聚全人類的力量

領導力是要讓事情變得更好，所以要從人開始。想辦法讓特定狀況下的一群人繼續前進。

——哈佛商學院教授約翰．科特（John Kotter）

我可以坦白的告訴大家，如果真的有天生的領導人，那絕對不會是我。我從小就是個害羞而且不太受關注的孩子，沒參加過運動球隊，在學校也沒主持過活動，又是來自比較保守的家庭和文化背景。如果讓老師從全班三十個小孩中挑出領導人，我大概排在第二十九位，或是最後一名。所以當我開創第一個「事業」時，我並沒有想要當企業領導人，只是想賺點錢去學開飛機，希望以後可以實現飛行員的夢想。當時我沒注意到的是，要經營事業並與人談判、為客戶提供產品與服務，還有跟優秀人才一起工作，讓他們一起幫助公司成長，這些都需要一股熱情。我一定要學會如何帶領大家一起打拚。所以我很快就意識到，最重要的是要帶領團隊成為歐洲最好的網頁設計機構，為客戶提供最聰明的軟體解決方案。

那時候還沒有這些企業用語，不過當時我所創造的，更精確來說是一種高績效企業文化，讓大家可以據此成長和茁壯。我必須快速理解自己的優勢所在（經營策略），以及不擅長的領域（至少要保持一切運行無阻），然後我突然發現到，我的害羞反而可能是個優點；有自信心當然很重要，但是太過自信可能會很危險。在我看來，對領導力的探索永遠不會結束，我們每天都要學習，從每一次的危機中學習（我也確實碰過好幾次危機！）

我的領導經驗一向只限於中小企業，整家公司大概只有幾百位員工。雖然我曾經擔任幾家大企業的董事，它們都有幾千名員工，但都不屬於我直接管理的範圍。所以我一直非常著迷偉大的領導藝術和方法，那些全世界最大的企業組織如何領導，我們這些小人物能從那些實力高強的領導人身上學到些什麼，都讓我十分好奇和嚮往。

因此我們在這一章要跟幾位全球最成功也最具影響力的領導人談談。我從最深奧的領導領域開始，先後跟史丹利・麥克克里斯托將軍（Stanley McChrystal；美國聯合特戰司令部前指揮官）、李察・麥爾斯將軍（Richard Myers；美國前參謀長聯席會議主席）和理查・席瑞夫爵士將軍（Richard Shirreff；北約盟軍歐盟指揮部副首長）交談。我也很幸運的採訪到國際太空站前指揮官克里斯・哈德菲爾（Chris Hadfield），他跟我談到極端環境下的領導。我跟企業家謝家華的對談，也讓我學到如何領導快速擴展的事業，而與全球最成功的足球隊經理卡羅・安切洛蒂（Carlo Ancelotti）訪談也讓我獲益良多。

## Q 擔任領導人有什麼意義？

**史丹利・麥克克里斯托將軍**（美國退役陸軍將領，企業創辦人）：

大家常常把領導定義為影響某些人去做什麼事，但我覺得不太一樣。其實領導是要為某些人創造一個跟你一起工作或是為你工作的環境，比單獨工作或在較差的環境中更能發揮所長。領導是要創造出一種能夠提供支持的文化，但這不是要討好誰或故意表現友善，而是真的幫助他們有所貢獻。

**謝家華**（Zappos 創辦人）：

我盡量避免使用「領導」一詞。如果你把一般公司想像成一間溫室，那麼溫室中所有植物就是員工，而那株長得最高、最強壯的植物，就是企業執行長，所以員工都向他看齊。但我不是這麼想，我認為自己是那間溫室的建築師，我的工作就是打造一個讓大家能夠成長、茁壯的好環境。我認為自己的角色就是要創造合適的環境、背景脈絡和制度系統，讓員工拿出最佳表現，在他們的熱情與擅長的事物之間找到交集。我並不在乎什麼經營方法會更好或更壞，而是找到適合自己個性、讓我感興趣的方法。幾年前，我辦過很多活動和派對，但我注意的不是派對或活動本身，而是考慮當晚市區有什麼事、途中有哪些酒吧營業、它們的營業時間為何，以及我該如何準備才能讓客人的交通安排更為順暢。等到派對開始以後，我就待在後台看著大家來來去去，心情非常愉快。我想，我對公司的看法大概就是如此。

**李察・麥爾斯將軍**（美國空軍退役四星上將，堪薩斯州立大學校長）：

如果沒人帶頭組織大家，為社會做點有意義的事，生活中任何好事都不會自然發生。我認為組織團隊來實現特定目標或完成某些任務的人，就是領導人，他能夠讓大家在協調合作的環境中，朝著同一個方向前進，這樣才能完成任務。很多人以為軍事領導人只要吼出命令就夠了，但我擔任參謀長聯席會議主席的時候，希望大家樂意追隨我。我不用命令任何人，一切都是透過說服與協調合作來完成。

**理查・席瑞夫爵士將軍**（英國退役陸軍高級軍官兼作家）：

領導是讓大家樂意配合來做事，而且是做我們領導人希望他們做的事。我是擁有三十七年資歷的職業軍人，我敢說領導力就是指揮統帥士兵的核心。軍中的領導有好幾個面向，如果連士兵都領導不了，那麼對兵、將都不是好事。軍官甄選過程就是在確定學員是否有能力擔任領導人，才能配合個人才能來培養訓練，讓他們的潛力得以發揮。

**史都・傅利曼**（華頓商學院領導力課程與工作／生活融合專案創辦人）：

我認為所謂的領導力和領導人，並不只是個人在組織中的地位或角色，或是每個人都能展現出來的特質。我的定義很簡單，領導人就是能夠動員大家一起實現有價值的目標，把大家帶到一個更好的地方。事實上，沒有什麼正式的指揮層級，大家也可能做得很好；有時候領導人明明身處金字塔頂端，能夠一呼百應，卻連一件事都做不好。

**卡羅·安切洛蒂**（前義大利職業足球隊員，現任英超球隊艾佛頓經理）**：**

領導力就是把你的目標或目的傳達給團隊，讓你的願景獲得大家的認可和理解。

---

所謂的領導，在不同的時代也會有不同的要求；危機時期需要的領導，也許跟承平時期不一樣。在各種不同情況下，要把大家召集起來的工具或方法都不盡相同。為了具體了解當今世界所需要的領導風格，我採訪全球最有社會影響力的重要投資人賈桂琳·諾佛葛拉茲（Jacqueline Novogratz）、全球最先進的商業策略專家蓋瑞·哈默爾（Gary Hamel），以及曾幾度在美國政府任職的羅伯·萊克（Robert Reich）。

## Q現在這個世界需要什麼樣的領導風格？

**賈桂琳・諾佛葛拉茲**（美國非營利組織阿丘曼基金會創辦人）：

我們許多機構（包括政治、金融和社會）的許多領導人，都是在區隔、分裂的世界觀中成長。於是兩性有所區隔、經濟多方區隔、社會各自區隔，給予和獲得之間也完全區隔。所以我們看到的領導工具，不免是命令、控制和區隔，而不是協調合作、串連和團結。現在我們面臨嚴重的全球健康和社會危機，要解決這些難題的唯一方法就是先保護弱勢群體，然後一起合作。我們需要建立一套傳達希望的敘事，一種新的領導方式，才能鼓勵所有人並肩同行，蓬勃發展。真正有守有為的領導人，是以透明、誠實和信任來領導大家。

**羅伯・萊克**（美國經濟學家、歐巴馬政府經濟轉型顧問委員會成員）：

我們在政治和公共部門需要的領導人，必須要了解貧富不均與貪腐的危險。身在最高層而擁有巨大的權勢與財富，權力必定腐化。金錢一旦被濫用，政治、文化就會分崩離析，信任感蕩然無存，那些非常富裕的階層就會和整個社會隔絕。如果公眾利益受到威脅，社會信任被犧牲，有錢人脫離社會，那麼大家不再擁有共同點，當然也不再能同蒙其利。當社會的不信任感更趨惡化，覺得有人作弊大占便宜，人們就特別容易受到煽惑鼓動，因此只需要利用那些其實與問題無關的替罪羔羊，挑起大家的憤怒、焦慮和不信任感，就能輕易操縱民眾的情緒。

**卡羅・安切洛蒂**（前義大利職業足球隊員，現任英超球隊艾佛頓經理）：

性格決定領導風格。領導風格不是學來的，而是自我身分的一種延伸，不能「造假」或想要試圖裝成別人的樣子。你領導的人很快就會看清你是誰，以及你是否真誠不欺。

# Q 領導力需要重新定義嗎？

## 蓋瑞・哈默爾（美國企業管理大師、暢銷作家）：

領導力並沒有一個共同的定義。在工業革命時代，人們才開始在工作場合帶領很多人，其中大多數人都沒受過什麼教育。這時候就需要某個「超級工頭」來控制這些人，所以「經理」一職就出現了。華頓商學院在一八八一年創立，哈佛商學院在一九〇八年成立，它們都是培訓新經理人的地方。當時「管理」是一種獨特、複雜、讓人覺得奇怪又陌生的東西，有點像是我們今天看到資料科學家、人工智慧工程師或遺傳學家的感覺。如今「管理」已經形成龐大的產業，雖然其中大部分都是在鬼扯，說領導力培訓對企業會產生多大的經濟影響，其實統計上的證據非常少。

所謂的領導力確實需要重新思考，我對領導力的定義很簡單：領導人是在集體成就中發揮催化作用的角色。我們必須從內部發起行動，改變內在的體系制度，如果你想想過去那些真正改變世界、改變整個大環境的人，他們幾乎都不是占據高位、擁有權勢的人。你看瑞典的環保小鬥士葛蕾塔・童貝里（Greta Thunberg）有什麼權位勢力？一點也沒有，但是她有勇氣去承擔比一己之身還要大的問題。她勇於逆向思考，知道大家需要一種新觀點，因為舊思維系統解決不了這些重大問題。偉大的領導人也會是充滿同情心的人。他們不是為了自己的利益而投入，不是只想爭取自己的權勢和保障官僚體系的勝利。他們挺身而出，是懷抱道義責任才會站出來改變一切，建立自己的社群。官僚體系不會從高層瓦解，是在大家開始質疑這是否為組織最佳運作方式時，才會從底層開始崩解。感到無助是你自己的選擇。在官僚體系出身的人，簡直是連擦屁股都要先問說：「這樣可以嗎？長官。」所以我們才會看到每天成千上萬的人來上班，卻一點也看不到他們的熱情、主動和創意。

# Q 領導力有什麼基本特徵嗎？

**理查・席瑞夫爵士將軍**（英國退役陸軍高級軍官兼作家）：

每一位偉大的領導人都不同，不同的人會表現出不同的特徵。對我來說，軍人就是要表現出勇敢，但我要強調的是道德勇氣，能夠勇敢做出艱難的決定，敢對有權勢的人講真話，而且一定要照顧自己的人民。廉明正直和個人魅力都是基本條件，再加上溝通能力和透過直覺、同理心、情緒智商去理解人們的想法、恐懼和需求。身為領導人，一定要讓自己的團隊感到安心，讓大家相信你可以搞定一切，解決他們的問題，那麼大家就會樂意跟隨你。

---

單憑親近的關係，要領導直屬團隊並不難，但如果要領導更龐大的組織，就需要運用文化來作媒介，傳達使命價值和存在模式。文化是團隊裡每一個成員都要參考的腳本，不

管團隊有一百人甚至是十萬人，都要參照文化來確定自己如何展開工作。而全世界最成功的企業，也都毫無例外是以獨特的企業文化為核心。像網飛（Netflix）甚至直接標舉文化作為企業標誌，把公司轉變成一個「文化平台」，現在已經成為全球各大企業不可或缺的參考指標，公司內部所有決策都要通過文化上的檢驗。

## Q 如何讓追求卓越也融入企業文化之中？

**蘇世民**（黑石集團共同創辦人兼執行長）：

比方說我們黑石集團（Blackstone）每週都會跟重要團隊一起開會。不管是不是在你附近的區域召開，當週都要參加一場大型的團隊會議，由高級管理階層召集整個團隊一起開會（不過請注意，我們不把自己看作管理階層，比較像是球員和教練的關係）。這個會議也許有幾百人參加，有時甚至是分布在世界各地的員工進行視訊會議。整個團隊像是夥伴關係，大家同心協力，一起尋找特定的機會或面對挑戰。與會者都可以對任何事情發表評論，從經濟學到政府事務、從公共關係到法律事務，也會接受大家的詢問，聽取重要人員的簡報。為了讓追求卓越成為企業文化的一部分，你必須讓所有人都能融入文化之中，這就是我們的做法。你也要公平對待所有人，但這要怎麼做呢？重要的是讓每個人都做正確的事情，所以你每週都要向大家示範要怎麼思考、怎麼行動才會達成這種文化，讓大家實踐明辨是非的價值、秉持風險管理的理念等等。一個二十二歲的年輕員工，如果也能跟資歷二十五年、現年五十歲的員工獲得一樣的資訊，他當然會覺得自己充滿動力。年輕，並不代表你的能力差或洞察力不夠，資深的人也不過是多點經驗而已。正是運用這些技巧，讓我們公司得以大規模的發展企業文化。

## Q要如何建立及領導高績效團隊？

**尼克・羅斯伯格**（芬蘭裔德國賽車手兼企業家）：

首先，你要先了解團結力量大，團隊總是比單獨一個人更強大。光是一名出色的車手無法贏得冠軍，你還要有一支非常優秀的團隊才行。我想各行各業應該都一樣。過去一年來，我的團隊已經成長到由二十幾位員工組成，我也非常謹慎的選擇具備各種技能、創新思維和開闊思考的年輕人。我每天都可以跟他們學到一些東西，這也是非常重要的一課。作為領導人不可能萬無一失，最重要的是，你要承認自己在某些專業領域缺乏知識，那就要依靠團隊的支援。這會讓你保留更多精力和時間去思考更大的遠景。

**卡羅・安切洛蒂**（前義大利職業足球隊員，現任英超球隊艾佛頓經理）：

我一向覺得要跟每位球員建立個人關係是非常重要的事。我希望找一個大家可以彼此交流溝通的地方，好好相互對話。我常常試著用球員的母語跟他們交談，這樣馬上就能破除彼此的隔閡與障礙。

## Q要如何建立嵌入深層價值觀的企業？

**漢迪・烏魯卡亞**（美商優格產業喬巴尼公司創辦人）：

剛開始我對商業非常外行。我以前沒在任何地方上班，也不認識創辦公司的人，我不認識任何企業執行長，也沒有業務「人脈」，我甚至連商學院都沒讀過。我只是個普通人，覺得能在成功企業擔任執行長，簡直是遙不可及的事情。但是我自小就有一個想法：我長大以後，絕對不要成為自己討厭的那種人。

我盼望能讓一家受到某家大型食品製造商逼迫才關門倒閉的工廠重獲新生，繼續運作下去。我看到社區裡有很多人因此受苦，衣食無著。那家大公司從遙遠的地方就這麼摧毀這個社區，這種做生意的方式真是讓我感到厭惡。我要恢復這家工廠，但我不想採用跟他們一樣的方法，我要做得更好才行。儘管全世界都不在意，我也要在自己的環境中找到一種新方去，編寫新的腳本來進行。

我們公司很小，設備也很舊，那時候甚至都不知道是不是真的撐得下去。可是我跟大家有聯繫，跟真正的人有聯繫。我相信人的品性，知道彼此手握著手是什麼意思，你可以信任自己的同事，他們會挺你、做你的後盾，大家都抱著同樣的信心站在一起。這個社區與我成長的地方很像，我和大家都覺得彼此很重要、像是家人一樣，我要從這種地方開始這趟旅程。

## Q 要如何建立信任感？

**賈桂琳・諾佛葛拉茲**（美國非營利組織阿丘曼基金會創辦人）：

信任是我們最稀有的貨幣，因此也最珍貴。要學習建立和給予信任並不容易，需要經過練習。我在二〇〇一年四月創辦阿丘曼基金會（Acumen），六個月後就發生九一一事件。那時候我有一個四人團隊，我們剛入駐的辦公室就在紐約恐攻地點隔壁。我問團隊：「現在我們要怎麼辦？」當時我真的覺得整個世界都在往內縮，誰也不會從全球的角度來思考。所以我找來最了解塔利班、極端分子和恐怖主義的專家，大家一起討論，甚至一直談到深夜，有人問道：「如果你可以發號施令，你想要做什麼？」我沒想太多就回答：「我想到伊斯蘭教地區，找那些正在建立民間社會機構的人，在當地社區建立信任和機會，也讓外界看看這裡能做些什麼事。」有一位贊助者給我們一張一百萬美元的支票，於是我問團隊：「好的，現在我們要從哪裡開始？」

**卡羅・安切洛蒂**（前義大利職業足球隊員，現任英超球隊艾佛頓經理）：

關係是建立在相互尊重的基礎上。我要先給予對方尊重，才能要求對方尊重我。我也相信，只要相信我的球員，他們不管是在場上和場下都會發揮最大的實力。不過我必須指導團隊，為團隊發聲。如果團隊無法尊重或信任我，就不會有好的結果。

## Q 領導人如何有效改變行為？

**約翰・科特**（哈佛商學院教授）：

現在世界的變化比過去快得多，企業內部的變化如果趕不上外部變化，就會碰上麻煩。組織必須跟著變化調整，而這方面的複雜度就在於員工的行為。我們能夠適應的工作、習慣和文化，通常都是由組織達到均衡的趨勢所產生。組織通常都會有許多層級、政策和程序，目標就是要「讓火車準時運行」，一切按部就班。在這種背景下，可能會出現種種狀況：從因循故習到顛覆裂解，從改變火車時刻表到「優步」（Uber）的誕生改變一切，很難弄清楚要怎麼適應變化。

領導力是要讓事情變得更好，所以要從人開始，想辦法讓特定狀況下的一群人繼續前進。這是對未來的宏偉願景，讓大家方向一致，向前邁進。這是創造出促進參與的條件，賦予眾人力量與能量，讓大家能跟周遭的世界步調一致。管理是為了讓火車準時啟動的過程與程序，牽涉到規畫、體系、預算制度、組織結構、人力資源等等。現今許多組織在快速轉變方向時都格外吃力，這就是因為組織中足以擔當領導的人才不足。「領導」本身就是一連串的行動和行為，組織裡頭的任何人都能採行。領導力也可以幫助企業促成社會運動，但是你如果對那些經理人這麼說，他們幾乎都聽不懂。

## Q權力對領導人的意義為何？

**史丹利・麥克克里斯托將軍**（美國退役陸軍將領，企業創辦人）：

權力可能來自職位、聲譽、財力等多項方面，但最重要的是：它為領導人帶來助力，讓領導人有能力完成任務，或影響更多人來參與或追隨。你看看當今有權力的人往往是有錢人，也有很多是塑造出某種形象和角色、或者擁有許多資源能吸引大家追隨的人。權力不僅僅是簡單下命令而已，還有很多微妙的地方。領導人必須擁有能力，在基礎共識上凝聚共同意識，這會是最強大的力量，能夠產生事半功倍的效果。

**李察・麥爾斯將軍**（美國空軍退役四星上將，堪薩斯州立大學校長）：

身為美國參謀長聯席會議主席，表示我在美國軍職層級已經是最高的，大家也會認為這個職位一定很有權力。但我從來沒有想過權力。我不會夢想得到權力，也不戀棧權力。我的工作責任是維護國家、我們的朋友和盟國的安全。我們透過合作，大家一起想出好辦法，以及更縝密的規畫和更周全的策略。要好好照顧自己的成員，而且努力完成任務。如果你依法擔任美國最高軍事首長，大家當然會尊重你，而你也不必多說什麼，只要把工作做好就好。如果大家過度強調權力，反而會忘記很多能幫助領導人的優勢，包括最重要的人際關係。光是手握大權頤指氣使，誰會想追隨這種領導人呢？沒有人願意。優秀的領導人必定要先找到好辦法，把自我擺在一旁，然後努力打好各方面的關係，建立信譽，爭取大家的信心。

## Q 要怎麼談判協商？

**馬克・庫班**（企業家、美國職籃NBA達拉斯小牛隊老闆）：

我在談判的時候不是想贏，而是要努力實現自己的目標。最好的交易就是大家都願意各退一步，而我對此最為擅長。我在談判的時候，專注在當前正在洽談的業務，思考「如果我是他們，如果我做的是他們的業務，我會想要什麼？哪些東西對我比較重要？他們提供的數值能告訴我什麼？他們的組織文化是什麼？」。我會試著讓自己站在對手的位置、站在他們的立場來思考整個狀況。電視真人秀《創智贏家》（Shark Tank）在觀眾眼中也許只有十分鐘，但其實要花費兩個小時，所以有時間讓我好好準備。我也很擅長迅速掌握狀況。我可以參與各種類型的業務，只要搞清楚幾個問題以後就能了解怎麼運用一些技術改進。在《創智贏家》的節目上也一樣，我先聽那些企業家的解說，了解他們的業務核心，知道他們站在什麼位置。就我而言，我會需要知道他們是誰、他們需要什麼，他們認為哪些東西比較重要，對於事情採取什麼觀點。知道這些以後，我就可以判斷他們能否成功。

---

經營企業真是兩難，這很可能是你職業生涯上既是最好、又是最爛的選擇。創辦公司以後每一天都是在冒險，就像某句陳腔濫調所言，你真的很少有兩天是一樣的。經營企業為我打開大門，帶來前所未有的機會。但是，經營企業也是最孤單、最有挑戰性的事情，

心理上要承受相當重的負擔與壓力，尤其是公司倒閉的時候，會令人感到無可逃避的痛苦。而如果一切順利，則會是無可言喻的滿足。在我的職業生涯中，若以成敗來論，我失敗的次數肯定比成功多，但是身為企業家，失敗的時候要吸收經驗和教訓，盼望成功時可以帶來更多回報。這不僅是創業精神的現實，也是領導力的現實。在任何工作領域，你涉入的愈深，決策環境就愈複雜，需要更多人脈條件，所牽涉的利害關係人和附屬單位也愈多，每個決定的影響力也愈來愈大。所以期望不失敗是錯的，最重要的是要掌握失敗的前因後果，從中學習經驗和教訓。

# Q失敗的經驗對領導有什麼好處？

**馬克・庫班**（企業家、美國職籃NBA達拉斯小牛隊老闆）：

失敗很痛苦，但我們要從中學習。我從那些失敗工作中學到許多東西，甚至比喜歡的工作還多。讓我遭遇失敗的每家公司，都有讓我好好學到一些東西。因此，不管你失敗幾次都沒有關係，只要押對一次就可以了。成功之後，誰也不記得你的失敗。失敗的時候，也許你出門都會畏畏縮縮，覺得大家都在看你、質疑你、批評你，你覺得自己真失敗！其實根本不是這樣。讓我誠實的向大家報告，你的朋友和那些利害關係人會怎麼看待你的失敗：他們不到三十天就會忘記！你可以問問自己，你真的記得你的朋友、你認識的企業家或哪間公司的失敗嗎？幾乎想不起來吧，而且你也不會對他們有太過強烈的意見。因為那些事情你根本不在乎。這其實就像是跟某個心愛的人分手一樣，雖然很痛苦，但你會熬過去。

**史丹利．麥克克里斯托將軍**（美國退役陸軍將領，企業創辦人）**：**

最近有個團體問我：「打仗的時候，大家會害怕失敗嗎？」答案有時讓人很驚訝。打仗的時候，大家害怕失敗更甚於身體受傷。對領導人來說，認清對失敗的恐懼非常重要。如果你仔細研究組織和人員的負面行為，會發現很多都是因為害怕失敗而逃避責任、不敢做出應有的決策，對失敗的恐懼會限制組織發揮實力。適度的害怕是件好事，緊張可以激發創意，讓我們專注在手上的工作，但如果害怕失敗，甚至不敢振奮的期待成功，那麼恐懼反而會成為問題。組織要好好訓練成員，讓他們能夠理解真正的風險，也不要被風險嚇倒。不管是個人、團隊或組織，甚至只是單純的活著，都需要注意風險。你要確保組織成員不會太過害怕失敗，不要讓大家把注意力放在誰失敗了幾次。我們看到任何人的成就與成功，都要理解在這個過程中一定曾遭遇失敗。你要注意誰真的會做事，這些不一定能用金錢來衡量。

**克里斯・哈德菲爾上校**（第一位在太空漫步的加拿大人）：

失敗會有多大影響，要看團隊的目的是什麼。如果你是在西洋棋團隊，輸掉比賽也許會讓你和隊友失望，但還不致於是個悲劇。但如果你是在火箭太空船，正準備要跟太空站連結，那麼失敗可能會讓人失去生命，或者造成嚴重的財務損失或任務挫敗。我們碰到的風險愈大，就愈要清楚理解失敗總是可能發生，所以我們必須預想會有什麼狀況，提早因應與準備，把失敗的可能性降到最低，甚至是避免失敗。在領導實務中，我們必須接納失敗的可能性。失敗是不可避免的，老實說，如果都會成功，又何必需要誰來領導？同樣重要的是，我們是用什麼詞來思考：與其說「失敗」，不如說「做對」或「做錯」。要避免失敗，就要加緊練習才不會造成嚴重後果。比方說，如果消防隊在實際的火災現場出差錯，可能就會造成人命傷亡，所以他們都在非常逼真的模擬演練中練習各種消防流程，才能更清楚掌握真實狀況，防止各種錯誤發生。然而，複雜的任務就算執行多次，可能還是難臻完美，但如果經過演練，萬一碰上問題，成功的機會還是提高。我們日常生活中的情況也是如此。各位可以想想心臟病發作這種常見的醫療緊急狀況：在我們一生當中，可能會在某個時候遇到身邊有人心臟病發作，萬一你碰上了，你知道該怎麼辦嗎？這就是我們都可以提先準備的事，也許是在網路上查詢資訊，或者是參加訓練課程來學會急救。

# Q成功與失敗對你有什麼意義？

**尼克・羅斯伯格**（芬蘭裔德國賽車手兼企業家）：

我這輩子都被成功和失敗的恐懼左右。成功的滋味像是吸食毒品，嘗過之後就想要更多。而恐懼則是一種劇烈的心靈阻隔劑，扼殺你的自信和創造力。所以我以前參加一級方程式大賽的時候，會學習運用冥想和心理輔導來安撫、調適這些情緒。最重要的是要找到一個平衡點，認識自己負面思考的模式，更加主動的調控自己的思考。我在這方面已經做得比前更好，當然，我現在對於成功的定義也跟過去不一樣了。我已經證明自己可以贏得一級方程式大賽的冠軍。這種感覺會伴隨我到永遠。

**卡羅・安切洛蒂**（前義大利職業足球隊員，現任英超球隊艾佛頓經理）：

我覺得球隊能夠同心協力、團結一致，那就是成功。比賽對戰時大家能表現團結一致，表示我達成任務，把自己的想法悉數傳達給球員。不過在足球場上的成功會受到許多外部因素影響，如果光靠輸贏論英雄，那麼球隊能夠發揮到什麼程度也就不是那麼重要了。無論如何，我都相信只要球員能理解團隊對他的期待，整個球隊的成功機會也會更高。「失敗」本身也算是一種重要工具，可以讓大家重新評估、構思某些想法或程序。這是回饋的重要一環。失敗的時候就該停下來檢討改進，看看自己的方法有什麼錯誤和弱點。盡早發現失敗就能讓自己愈來愈強大。

## Q成功需要重新定義嗎？

**賈桂琳．諾佛葛拉茲**（美國非營利組織阿丘曼基金會創辦人）：

我們對成功的概念其實是來自父母、家人、朋友或教育機構，這也可能限制我們對成功的想像。全世界都把成功定義為金錢、名望和權力，這樣的定義讓極少數人變得很有錢、很有名或很有權力，但大多數人都沒有這種成功。一九九〇年代末期，我在孟加拉跟一位年紀較大的先生討論要怎麼運用商業工具來創造改變？他說：「我覺得這很困難，特別是像我這種詩人的後裔。」當時孟加拉社會只推崇詩人、說書人和知識分子，商人就是有銅臭味，因此要把原來被視為銅臭的事情轉變為成功，那可是文化上的重要轉變。而如今在新冠肺炎肆虐的時代，有些過去商業盛行的地方，詩與藝術又再度復興。我們都很容易忘記整個體系不是外來或附加的，那個體系是我們定義出來的，我們就是體系。如果我們把成功重新定義為人類共同的永續發展，不再只是金錢、權力和名聲，我們就能建立大家共存共榮的體系。

## Q 在成功與失敗的衝擊下，如何建立「融合」的文化？

**蘇世民**（黑石集團共同創辦人兼執行長）：

你在考慮創造的時候，不管是新投資還是新組織，都會碰上風險。此時成功的關鍵是你要確保自己了解風險，並且可以管理風險。理想上，誰也不想承擔風險。現在大家都以為企業家是在冒險，但你如果去問那些企業家，他們會說自己不是在冒險，因為你若覺得那件事情不會成功，那還去冒什麼險？聰明的企業家會想辦法排除風險，讓它降低到可以承受的程度。現在的各種組織裡，通常都會有位主角來探詢團隊或想法，決定哪些事情值得追求。結果大家都受制於一個人的觀點，而且他也可能出錯。我們黑石集團建立一套模型，讓決策風險的管理大幅改善。我們會有個團隊，比方說八個人聚在一起討論，讓大家看到描述各種情況與風險的書面資料，以及評估排除風險後可以達成有利表現的數值。我們的原則是所有與會者共同參與，沒有誰是主導人物。大家一起討論賠錢的風險、要怎麼避免虧本。我堅信最重要的是不虧本，這個道理並不深奧，但絕對經得起考驗。

這個團隊本身並不負責專案的成敗，但大家對此進行討論，也都理解它的風險，如果日後出問題，有九成落在之前已經確定的風險之中，那麼表示大家都錯估了那項風險。運用這種客觀評估的過程，我們可以為員工提供支援，避免在公司內部找黑羊的譴責文化，為理智的討論和分析提供非常安全的環境。我們在日常生活中如何接納失敗，比如何迎接成功更重要。這聽起來似乎違反直覺，其實不然。我們身為經理人或領導人的工作就是要找出問題所在並加以解決，確保狀況不會再發生。組建卓越組織的方式，絕對不是掩蓋錯誤，而是開誠布公的討論錯誤。

——

我現在的狀況還不錯，但過去十幾年來一直在跟焦慮和沮喪戰鬥。我有時候心情實在糟到想要（其實也試過）結束這一切。我知道會這麼想的不是只有我，這個世界平均每四十秒就有某個地方的某個人想要結束自己的生命。在你讀完這句話時大概就有三個人這麼做，而且可能有一位已經成功。我曾經嚴重焦慮、沮喪，很可能是工作所引發的，但我以前諱疾避醫，因為身為企業創辦人兼執行長，任何時候都要表現出超人的能力和耐力，也要展現常人難以企及的精神毅力。我以前就是這麼想，一直拖到幾乎太遲了才開始面對這件事，向外求援，展開十年前就應該開始的復健之旅。我現在都會教導自己在企管研究所的學生，人生最重要的技能就是要有韌性、有彈性。我每年都是這樣告訴每一屆的學生。

## Q 在領導上保持彈性有什麼作用？

**喬克・威林克**（美國海軍退役軍官、作家）：

彈性對領導人很重要嗎？當然！誰都會失敗，誰都有可能會一敗塗地、遭到拒絕或偏離正軌。這些事都可能發生，如果欠缺堅韌彈性，就無法做好必要的工作來達成任務。其實我也沒有特別擅長做什麼事，既不是厲害的運動員，也不特別聰明，所以加入海豹特戰隊以後，我唯一能做的就是努力再努力！我知道自己可能失敗，所以要拚命努力，這就是我做事的習慣，因此才能達成目標。保持自身的彈性，也是你自己可以做的決定。遭到排斥或拒絕的時候，你決定怎麼應對？你可以趕快再去敲另一扇門，也可以自己躲在牆角哭。我認為你還是再去敲另一扇門比較好。我也不是說你不能躲在牆角哭，想哭就去哭，但哭完之後記得站起來繼續敲門。這樣就是有彈性。我知道一定有其他人可以對保持彈性說出大道理，也知道要怎麼培養和維護彈性，但你其實只要這麼做：起床以後，該做什麼就去做，好好完成工作就行了。

## Q生活方式對心理健康有什麼影響？

**格林老師**（英國饒舌歌手、詞曲創作者和電視明星）：

生活的壓力本來就很大，而大家承受的壓力只會愈來愈大。我們對壓力只有兩種反應：戰鬥或逃跑，這是人類從狩獵採集的祖先身上演化而來。現在我們承受著人際壓力、工作壓力、朋友壓力、家庭壓力、財務壓力、貸款壓力，連吃東西都有壓力。現代人有很多事情要面對，大家也沒有太多時間去應付自己承受的壓力，而這樣的壓力也許會在當下或未來導致嚴重的健康問題。

## Q 我們的企業文化為什麼不重視睡眠？

**雅莉安娜・赫芬頓**（《赫芬頓郵報》創辦人兼專欄作家）：

我們的文化總是在讚頌睡眠被剝奪。不管你走到哪裡，都會聽到有人說不睡覺好厲害，說「打瞌睡就輸定了」，還有讓人筋疲力盡的說法：「反正死了以後可以睡很久。」這其實也是出於我們對成功的嚴重誤解，彷彿一定要過勞和有壓力才能成功，再加上現在網路帶來全天候的誘惑與干擾，我們想要閉上眼睛好好睡一覺就更不容易了。其實這個困境可以追溯到工業革命時期，那時候的「睡眠」就已經是遭到剝削的商品。

我們在上班的時候（尤其是下午）有點像是在掙扎求生，我們自問：今天剩下這些時間，要怎麼用低落的能量冒險穿越敵營，還要應付開會、電子郵件和沒完沒了的待辦清單？所以我們偷藏能量補給品，通常都是一些不健康的食品，而且還像是在吸毒一樣，成天想著要不要再打一劑咖啡因、要不要補充一顆糖果彈藥，但我們其實還有別的選擇。午餐後的精神不振，也許可以依靠小睡二、三十分鐘來解決，不需要灌下今天第五杯咖啡或吃第三個甜甜圈。在商業界把睡覺當作偷懶和欠缺奉獻精神的人，也許可以看看運動界，就會知道睡飽的好處，在那個終極實用主義的世界，只有好成績和勝利才是一切。職業運動員注重睡眠，不是為了修身養性或是追求工作與生活的平衡，甚至也不是為了健康，一切都是為了提升運動成績。這就是運用有效的方法、把握每個可用工具來增加獲勝的機會。

## Q 你在一級方程式大賽的職業生涯中學到哪些關於韌性、專注、競爭和成功的知識？這對於進入商業界有什麼幫助？

**尼克・羅斯伯格**（芬蘭裔德國賽車手兼企業家）：

我在一級方程式大賽中學到很多日後可以應用到商業領域的知識。最大的收穫是學到怎麼讓自己發揮最大的潛力。打從我開啟運動生涯以來，就運用許多方法來提升自我發展，包括心理訓練、增加營養、沉思冥想和健身課程，而這些方法對於運動比賽之外的生活也很有幫助。比方說我從賽車界退休後，又重新體會到冥想的妙用。我以前在爭取賽車的世界大賽冠軍時，冥想帶來很大的幫助，但後來因為缺乏動力就停止了。那種精神力量如果完全消失了，就很難維持原來的形式。我後來又慢慢在日常工作中引入冥想訓練，漸漸重新體會它的好處。我以前當賽車手時的組織和訓練都非常嚴格，現在的我依然如此。今天早上八點半我跟女兒一起做功課一小時，但在這之前我先做了一小時的冥想和運動。我所得到的生命教訓都是在參加一級方程式大賽時學到的。

## Q 如何在逆境和挑戰中學習？

**雪柔・桑德伯格**（臉書營運長、全球慈善家）：

我們要先承認自己碰上逆境，才能找出問題、面對問題。如果不肯談挑戰和困難，那麼我們永遠無法從裡頭學到教訓。任何公司都有出錯的時候，但大家的本能反應常常是掩過飾非。不管是個人或企業，常常有這種隱藏問題的文化，而且還有許多花招和技巧來隱藏問題。所以我們要特別注意，不要讓這種行為到處蔓延。

## Q 逆境如何塑造身分？

**雪柔・桑德伯格**（臉書營運長、全球慈善家）：

我在演講的時候常常問大家：「聽說過創傷後壓力症候群的人請舉手。」幾乎大家都舉手了，但我如果問說：「聽過創傷後成長症候群的人請舉手。」沒有人舉手。但其實有更多證據顯示，出現創傷後成長症候群的情況比創傷後壓力症候群更多。

大家都需要維持彈性，這是完全不能缺少的。我們在生活上都面對著各種大大小小的挑戰，甚至每一家企業在改變和形塑的過程中也都需要維持彈性。真正的問題是：我們要怎麼鍛鍊自己與彼此來維持彈性呢？企業界也要體認到，所謂的彈性是需要大家一起共同建立的。大家一定要用有條不紊和明確的方式來建立彈性。

## Q 為何在緊張的局勢中保持相對的道德或文化價值觀很重要？

**賈桂琳．諾佛葛拉茲**（美國非營利組織阿丘曼基金會創辦人）：

縱觀人類歷史，社會的道德標準常常是由上而下傳遞下來的，這種方式或許能保持社區穩定，卻以壓抑個人和個性為代價。現在剛好相反，大家太過強調個人，反而找不到歸屬感。我們已經失去共同感，才需要運用道德想像力來理解他人的信仰和文化，而不是刻意褒貶其他文化。我們要克服道德與文化差異，違反我們人性尊嚴中不可改變的價值觀來做出有原則的決定，以及了解自己的行動會影響他人的處境和未來。這不是在道德上採取相對的立場，主張某些文化特質比誠實正直還重要，所以在道德上也可以接受貪汙腐敗。在這個大家相互依存的世界，貪汙腐敗的行為是任何人都不能接受的。但在不同的地方，我們會發現不同社群各自堅守不同的重要價值，對此我們都必須給予尊重。

現在我們的社會常常在健康與經濟之間做抉擇，但這不是只能二選一的選擇。我們要超越這道限制，做出艱難的抉擇，以公開透明、坦誠真實和包容支持的態度，讓各種對立的真理與價值兼容並蓄。這不是要說誰對誰錯，而是要找到彼此都能同意與認可的現實。

## Q 領導人是天生的嗎？

**克里斯・哈德菲爾上校**（第一位在太空漫步的加拿大人）：

演化的隨機性，讓我們每個人、每隻狗甚至是每棵樹都帶著不同的優點和缺點降生到這個世界。有些人的確可能比較適合擔任某種領導角色，但不會只有他才是完美或獨一無二的領導人。其實我們每個人都是需要琢磨的璞玉，都需要經過歷練，不斷的改進就能變得更好。我們常常在某些緊急狀況下才會發現自己的特點，例如碰上火災或有人需要緊急醫療救助的時候，我們才會發現自己從來都不曉得的領導力。所謂的「領導」就是做出改變的能力：「好，我要負起責任改變某件事！」也許這只是你個人生活中的一件小事，但也可能是影響無數人的大事。

我在少年時代就對領導力感興趣。我認為所謂的領導力，就是領導人運用某些方法帶領大家完成任務的藝術。我當然不是天生的領導人，我跟大家一樣，只是天生擁有某些特質，也需要閱讀、觀察和學習。我慶幸自己曾接受訓練，讓我觀察到很多好領導人和壞領導人，再經過檢討和把握自身優點，才能成為領導人。其實我們每個人內在都具備某些領導能力，其中的美好之處就在於此，不管你是八歲或八十八歲，都不會限制你的領導力。

---

我在寫這本書的時候，全世界正面對承平時期最大的經濟和社會挑戰：新冠病毒大流行。從商業角度來看，許多國家和全球市場幾乎陷於停頓，大多數企業都面臨不確定的壓力和極大的波折起伏。身為領導人的你，在這種情況下不可能做出長期的策略決定，只能

調整領導態度來應對危機，與團隊同心協力，度過難關。

## Q 領導人面對不完整的資訊時該怎麼辦？

**喬克・威林克**（美國海軍退役軍官、作家）：

我認為這種時候不要做任何重大決定，而是盡量朝著正確方向做出一些最小的決定。我如果想知道有沒有人躲在門後，那就不應該把它炸開，而是退後一步，把門打開一點點，讓光線可以照進去。有看到什麼動靜嗎？沒有！那好，再把門打開一點。就這樣一步一步來，直到最後幾乎能看見整個房間，而我甚至都還沒進到裡面呢。這時候可以查看裡面有沒有陷阱或絆腳的繩索，等到我們做了所有應該做的事情，才會走進房裡，確認裡頭到底有什麼。

做出那些最小的決定會讓你以為自己的決斷很明快，但其實那只是由一些很小的決定慢慢累積起來。在商業世界中也是如此。如果想拓展新市場，不會一開始就買下三棟大樓和聘請一百名員工。你會先開個小商店，然後再開第二個、第三個，接著才會租下整間房子，如果一路順遂，才會買一棟辦公大樓。你不能貿然投入。要做出成功的決策，就是先決定一些小事，邊做邊改，就會愈來愈好。邁向成功的過程，其實就是由這些方向正確的最小決策組合而成。

## 克里斯．哈德菲爾上校（第一位在太空漫步的加拿大人）：

領導人都要面對資訊不足和不完整的狀況，我們在做決策時，誰也不可能擁有所有必要的資訊，所以關鍵在於你的個人能力，就算資訊不完整，你還是要能夠做出必要的判斷。就以航空母艦的指揮官來說，他們在任何時刻都不會掌握所有必要的資訊，就算如此，在指揮船艦時並不能碰運氣，隨機做出決定。這些艦長能指揮價值數十億美元的航空母艦並承擔許多人的生命，代表他們已經擁有絕佳的實務、技術和學術經驗，能在必要時做出決策，決定是否改變航向、派機升空或判斷是否遭遇威脅。

我們身為領導人，對於自身能力絕對不能自滿，並且必須不斷的學習和改進，冀求自我完善。如果我們在考試前大家都很努力認真就有機會考一百分，但如果六個月以後才來應考，也許就考不了一百分，因為我們可能已經忘記重點，或者是系統出現變化、規則有所更改，甚至是連自己都跟以前不一樣。你要記得，沒有任何系統是固定不變的，而且職位愈高、責任愈大，對於技術知識和領導力的自我要求也更重要，必須不懈的追求自我改進的方法。

記得以前在太空站曾發生一起事故，當時太空站的液態氨正在迅速外洩。液態氨是太空船必要的重要冷卻劑，在它漏光之前我們必須做出很多決定來解決問題，但時間非常緊迫，我們沒有足夠的資訊，只能依據多年來的準備和經驗，迅速制定計畫。太空船上的每個成員都有太空漫步的資格，而且在職業生涯中一直研究各種系統，所以我們擁有必要的理解力和精密技巧，可以解決一些難以避免的重大問題。但是不管受過哪些訓練，也絕對不能保證能解決各種問題，尤其是我們不曾模擬過的問題。但是經由培訓和專業準備，我們才能在破紀錄的時間之內完成維修。

**理查・席瑞夫爵士將軍**（英國退役陸軍高級軍官兼作家）：

命令指揮的核心條件之一是，就算面對不完整的資訊，我們還是要能及時做出正確決定。這是我們透過訓練、教育和最重要的經驗，逐步發展出來的領導力。我們也要開發直覺，能夠以直覺感應到現在的時機是否正確。軍方的原則就是，除非你可以證明自己有能力，否則就不可能更上一層來擔任更高領導人和承擔新責任。一名軍官一開始也許擔任排長，指揮三十名男女士兵。在獲得更多經驗、更多磨練和更多培訓之後，也許可以指揮一個擁有四個排的連隊。隨著時間的歷練，接著也許能指揮四、五個連隊組成的營或團。接著，如果能夠證明自己的能耐，也許可以擔任旅長，指揮四到五個軍團。在整個過程中，我們都要在各個不同的階段證明自己的能力。我們擔任領導人需要經過思考、培訓和教育，這對優秀企業領袖、一個小兵或任何部門的人也一樣重要。

# Q 商業的社會功能為何？

**漢迪．烏魯卡亞**（美國喬巴尼優格食品公司創辦人）：

我認為商業的作用是提升人類、推動人類進步。真的，我相信是如此。企業界不但創新研發許多新產品，還能影響社會，與它們互動的民眾和整個環境都因此改變。我小時候以為企業只想為股東賺錢，不管其他人的死活，不論對員工、社區還是環境都不在意。但我不喜歡這種想法，我不想變成自己討厭的那種人。所以過去十到十二年來，我努力讓企業成為令人驚奇的平台，我們可以從各方面來改善世界。

---

所謂的「領導」，並不是站出來大聲下命令，而是能帶領團隊增強實力和成長。從許多方面來說，領導人都是團結眾人的黏合劑，帶領團隊朝向目標前進，甚至度過某種危機或難關。偉大的領導人也必定是謙卑而有所自覺，知道自己的長處與不足，對於失敗不灰

心、不氣餒，能做出建設性的回應，而最重要的也許是努力建立有彈性的團隊。

正如約翰．科特所言，領導力是在特定狀況下召集眾人，帶領大家同心協力朝著願景目標前進。說起來很簡單，但真的能夠做到很了不起。我們每個人都願意相信一小群人的領導，這是人類演化所帶來的神奇副產物，如果沒有這種信任，人類大概沒辦法從分裂的游牧族群邁入燦爛的文明。

但是要真正理解領導，必須先搞清楚我們這種非常聰明的部落動物。我們有能力採取行動，而且能夠控制自己的行為，但生活在結構複雜的社會裡，各種團體和族群必須經常合作。我在這一章訪問的幾位職業軍人，都曾在最極端的環境、也就是戰爭之中親身體驗領導的重要性，他們的描述不僅說明領導對人類掌握處境的必要性，也點明領導人必須深入理解他所負責的個人與群體，彼此之間才能進行有效的溝通，確認大家在領導之下要做什麼事。我們認為領導核心具備權威，才能防止眾人各謀其利，導致群體分崩離析。

所以，我們在個體需求與身為社會動物的本性之間可能會出現的矛盾也得以解決。我們的多元身分表示我們不會局限在單一部落或群體，而是同時成為家庭、種族、經濟組織、大學、企業、好友圈、運動團隊，以及其他許多集會團體的成員，所有組織、團體也都有各自的目標、願景和利益。這也是我們組織、領導和指揮的根本動力，是人類歷史中每一個重大進步（科學與文化）與退步（戰爭和暴行）的核心。我們在領導人的帶領下，可以登陸月球、對抗疫病、改善幾十億人的生活，但也有可能讓數百萬人因此生存在殘酷的暴政之下。

# 訪談者簡介

◈ **史丹利・麥克克里斯托將軍（General Stanley McChrystal）**：美國退役陸軍將領，管理顧問公司「麥克克里斯托集團」（McChrystal Group）創辦人，退休後在耶魯大學教授國際關係。

◈ **謝家華（一九七三年－二〇二〇年）**：網路服飾商場Zappos創辦人、企業執行長兼創業投資人，過去曾共同創辦廣告網站平台LinkExchange，在一九九八年以二・六五億美元賣給微軟公司，當時他才二十五歲。

◈ **李察・麥爾斯將軍（General Richard Myers）**：美國空軍退役四星上將，堪薩斯州立大學第十四任校長。退役前曾擔任美國參謀長聯席會議主席，是美國軍方最高階軍官。

◈ **理查・席瑞夫爵士將軍（General Sir Richard Shirreff）**：英國退役陸軍高級軍官兼作家，曾在二〇一一年至二〇一四年擔任盟軍歐洲最高統帥副指揮官。

◈ **史都・傅利曼教授（Professor Stew Friedman）**：華頓商學院領導力課程與工作／生活融合專案的

創辦人。他同時在賓州大學擔任教授，並每週主持《天狼星衛星》（Sirius XM）廣播公司的節目。

◆ **卡羅・安切洛蒂（Carlo Ancelotti OSI）**：以前是義大利職業足球隊員，現在是英超球隊艾佛頓（Everton）的經理。根據國際足壇的紀錄，過去贏過三屆歐冠聯賽冠軍的球隊經理只有三位，而同時管理過準決賽四強球隊的經理更只有兩位，卡羅・安切洛蒂是這兩項紀錄的保持者。

◆ **賈桂琳・諾佛葛拉茲（Jacqueline Novogratz）**：非營利組織阿丘曼（Acumen）基金會創辦人兼執行長，也是暢銷書作者，曾被《富比世》雜誌評選爲全球百大商業首腦。阿丘曼基金會主要透過投資相關企業及領導人來改善低收入地區的貧困生活。

◆ **羅伯・萊克教授（Professor Robert Bernard Reich）**：美國經濟學家、暢銷書作家兼政治評論員，曾擔任美國前總統福特、卡特和柯林頓等政府的官員，也是歐巴馬總統的經濟轉型顧問委員會成員。

◆ **蓋瑞・哈默爾（Gary Hamel）**：美國管理學者、作家，也是出名的企業思想家，在倫敦商學院任教三十餘年，著作翻譯超過二十五個語種，暢銷全球。

◆ **蘇世民（Stephen Schwarzman）**：美國企業家、投資人兼慈善家，私募股權黑石集團董事長兼執行長，在《富比世》富豪排行榜列名第一百位。

◆ **喬克・威林克（Jocko Willink）：**美國海軍退役軍官，曾在海豹特戰隊服役二十年，《紐約時報》暢銷書作家，每週定期主持網路廣播《喬克Podcast》。

◆ **克里斯・哈德菲爾上校（Colonel Chris Hadfield）：**退休的太空人，也是第一位在太空漫步的加拿大人。曾在俄羅斯擔任美國航太總署的代表人，執行過三次太空任務，並擔任國際太空站指揮官。

◆ **尼克・羅斯伯格（Nico Rosberg）：**芬蘭裔德國賽車手兼企業家，曾在二〇一六年贏得一級方程式世界錦標賽冠軍，並在二〇一七年獲選國際汽車聯盟（FIA）名人堂。

◆ **漢迪・烏魯卡亞（Hamdi Ulukaya）：**美國喬巴尼（Chobani）優格食品公司創辦人、董事長兼執行長，喬巴尼是近十年來發展最快的食品公司之一，也是天然食品運動的領先者。

◆ **約翰・科特教授（Professor John Kotter）：**哈佛商學院教授、暢銷書作者，也是管理顧問公司科特國際（Kotter International）的創辦人。

◆ **馬克・庫班（Mark Cuban）：**美國企業家，也是電視界的名人，電視真人秀《創智贏家》的主要投資人之一，也是美國職籃NBA達拉斯小牛隊的老闆。

◆**格林老師（Professor Green，原名史帝芬・曼德森〔Stephen Manderson〕）**：英國饒舌歌手、詞曲創作者和電視明星，英國音樂競賽節目《Lip Sync Battle》的主持人之一，出版自傳迅速登上暢銷排行榜，大力贊助慈善機構Calm幫助有自殺傾向的民眾。

◆**雅莉安娜・赫芬頓（Arianna Huffington）**：新聞網站《赫芬頓郵報》的創辦人兼作家和專欄撰稿人，同時創辦Thrive Global公司並擔任執行長，這是研究行爲改變的高科技公司。

◆**雪柔・桑德伯格（Sheryl Sandberg）**：臉書營運長，婦女支援組織LeanIn.Org創辦人，參與許多慈善活動。她是臉書公司第一位女性董事，被《時代》雜誌評選爲全球最有影響力的大人物之一。

# 第四章

# 創業精神
## 創造者和製造者

我相信所有人內心裡都是個企業家，這就是我們的DNA。

——經濟學家、諾貝爾和平獎得主
穆罕默德．尤努斯（Muhammad Yunus）

直到有人稱我為企業家，我才知道這個詞的意義。那時我才十五歲，坐在學校老師的辦公室裡。不過不是挨罵（我會去那裡通常是這個原因），而是去接聽地方記者打來的採訪電話。這個採訪其實是學校安排的，因為大家發現十四歲的我還在上學時就偷偷經營一家公司。那個記者問我：「成為年輕企業家的感覺是什麼？」我頓時慌了！那是什麼意思？幸虧老師馬上來救我，在我面前潦草的在紙上寫下幾個字：「他指的是商業人士！」

其實創業精神並非「指」任何東西。企業家與商業人士之間的差異是以創業、規模和影響力的論點為中心。從白熾燈泡到智慧型手機，我們日常生活中的所有事物幾乎都來自企業家的偉大發想。就以微軟公司前執行長史蒂夫．鮑爾默（Steve Ballmer）來說，他是微軟第三十號員工，也是比爾．蓋茲（Bill Gates）雇用的第一位業務經理，但他也是能力高強的企業家。微軟標榜的理念是：家家戶戶都要有一台電腦，因此要擴展成跨國企業來實現這個目標，並徹底改變我們生活中的每個部分。微軟的作業系統實際上是建構早期科技革命的平台。

企業家同時也是領航者。他們可以找到順風，並找到穿越逆風的路徑。美國線上

（AOL）共同創辦人史蒂夫・凱斯（Steve Case）辨識出降低成本與上網需求逐漸增加的順風，並在法規和企業競爭的逆風中前進，創立美國線上公司，這家公司在一九九〇年代確實是打亂上網連結的公司。如今這陣逆風比過往更為強大，不管是處理能力、軟體、硬體和連結的性能都是指數型成長，讓企業比過往更快速擴張規模。因為這種進展加速而得到龐大受益的是五巨頭：臉書、蘋果、Google、亞馬遜和微軟，從二〇一〇年到二〇二〇年的十年間，他們的員工從十九萬六千多名，一口氣成長到超過一百二十五萬名。光是從這五家公司中挑出亞馬遜來看，它的市值（截至二〇二〇年三月）大概有一兆美元，比沃爾瑪（Walmart）、百思買（Best Buy）、梅西百貨（Macys）、塔吉特（Target）、好市多（Costco）、Gap、家得寶（Home Depot）、星巴克（Starbucks）、Foot Locker、Office Depot和傑西潘尼（JC Penney）公司的市值總和還高。科技讓企業擴展的速度和規模達到人類歷史上前所未有的巔峰，僅僅是十年的進步，也許就是過去許多公司整整一代才能達到的成就。從燈泡到智慧型手機，從我們許多最重要的藥物到日常生活中最喜愛、最平凡的需求，幾乎都是某些創業精神無止盡的追求，來自某個富有創造力、前瞻思考，帶著遠見、毅力與執行能力，才讓他們的構想實現。

在這一章，我們會看到世界上最有趣、最有影響力與啟發性的企業家。從科技業到零售業，從醫藥業到工程業，這些人都建立並經營市值數十億美元的企業，讓自己變得非常富有，還創造出數千份工作，並對全世界發揮重要影響。有些人的名字家喻戶曉，有些人也許你從未聽過，但他們在這一生中都取得大多數人認為不可能達到的成就。我跟這些全球頂尖企業家交談時，都希望從最基本的問題開始談起：創業精神到底是什麼？跟我談話的人在他們的職業生涯中全都被稱為企業家，但我還是堅定認為，創業精神是「什麼」的經驗和本質不只是主觀的，會根據產業與背景而有高度變化。我碰過一些在經濟衰退時創業的企業家，那時候他們除了放手一博之外別無選擇，也有一些人是擁有典型的「靈感源頭」，有個構想使他們堅持下去。

# Q 創業精神對你有什麼意義？

**理查・布蘭森**（英國企業家、維珍集團創辦人）：

創業精神就是要冒險、要突破界限，不能害怕失敗。我通常都是憑直覺和經驗去行動。如果是仰賴會計師做決定，那麼我絕不會進入航空業，幾乎肯定也不會進入太空事業，而且大部分我參與的事業肯定都不會去做。不過事後來看，這些事業我似乎都做得很好。

**李彥宏**（百度共同創辦人）：

我強烈期盼去做自己喜歡的事。我認為不管是因為天生如此，還是後天才發展出來，這種對創業精神的渴求，唯有在熱情與能力的交會處播下種子，也就是在熱愛和最擅長的事情上下功夫，才有可能開花結果。

**詹姆士・戴森**（英國發明家和企業家，戴森公司創辦人）：

身為一個企業家、發明家，如果有個想法，一定要堅持研究透徹。身為發明家，你的構想應該是基於一個問題來創造解決方法，這個解決方法會專注在功能上，而非形式上。我在開發世界第一台無集塵袋吸塵器時，我知道我的構想是要解決一個根本性的問題。毫不意外，其他主要的吸塵器製造商並不同意我的想法。但是我不顧一切，堅持要以我的名字來開發這項技術，並把產品製造出來。這是所有企業家都需要的特質：有能力堅持去發展自己的構想，並推動這個構想開花結果。

**穆罕默德・尤努斯**（孟加拉經濟學家、諾貝爾和平獎得主）：

企業家是發起人、是規畫者，是產出的製造者，是承擔風險的人，也是籌畫人員。他有信心會成功。在傳統的企業裡，企業家想要賺取個人利益。從傳統企業的角度來看，獲利可以用來衡量成功與否；而在社會企業，企業家想用一種在經濟上可長可久的方法來解決一些人的問題，而不會從中獲取個人利益。這樣的事業成功時，他可以收回原先投入的資金，而且在那之後不會拿到任何分紅。獲利會留給公司去創造成長。我相信所有人內心裡都是個企業家，這就是我們的DNA。

**基蘭・馬宗達爾－肖**（印度企業家）：

創業精神其實就是自己當老闆，開創自己的道路，開創屬於自己的職業生涯。這是從想要把某個構想商業化開始，而且你知道這是非常艱鉅的過程。不是每個人都有創業的想法，但你可以在大家心中深植這個想法，使大家覺得這是一件非常興奮的事！這與天生是不是企業家無關。我從沒想過我會經營一項事業！我都會說我是偶然成為企業家，其實我更想要從事釀酒業。但環境因素常常是成為企業家的重要原因。

**納拉亞納．穆爾蒂**（印度軟體企業家）：

創業精神就是我們運用想像力、夢想、勇氣、犧牲和熱情，來為社會創造就業機會，為自己和夥伴創造財富，為國家帶來繁榮。創業精神可以改變世界。

**湯麗．柏琦**（美國時裝設計師、企業家和慈善家）：

創業精神必須能辨識出市場中的空缺，而且有能力在這個空缺的周圍建立事業。我一直到有一些構想來創辦公司之後，才知道自己是個企業家。但現在回想起來，在那時之前我在工作上所做的任何事情，也都帶有一些創業精神。這也包括要了解自己的長處和短處，以及如何讓身邊有支優秀的團隊。

**史蒂夫．凱斯**（美國企業家、投資人）：

廣義上來說，創業精神是要對世界產生正面影響。企業家是帶來變革、創新與影響的關鍵，他們挑戰現狀，找到更好的方法來做事，不管是提供產品或服務，圍繞這些構想來籌組團隊，而且真正帶來正面的影響。創業精神當然也跟企業有關，但創新和人才是核心。

**楊致遠**（雅虎網站共同創辦人）：

我認為創業精神是找到一個共同而強大的使命，來創造出能夠影響世界、改變世界的事物。雖然製造卓越的產品或創辦優秀企業的目標非常重要，但這整個過程才是我最珍惜的。我在創業過程中覺得最愉快的部分，就是建立團隊所經歷到的波折起伏。建立團隊，跟大家一起分享同樣強大的熱情和信念，一起經歷成功與失敗，這是什麼都比不上的。就我而言，我天生就有點愛冒險，但在擔任企業家時也學到很多東西，這些都是透過自身努力與從身邊的團隊學來的。

**傑克・威爾許**（奇異公司前執行長）：

如果你是個企業家，必定會有某一種DNA、某一種精神。身為企業家，如果有某個構想，必定會堅持努力到成功為止。你會發現每一天都是全新的旅程，不管是上山還是下海，每分每秒都充滿驚喜。我不認為創業精神跟醫生或律師一樣是個專業。在這漫長的旅程中，我遇到很多人在我問他們想要做什麼工作時，都說想要成為「企業家」，但請等一等，這不是一種職業。創業精神是在DNA裡的某個東西。你如果有個構想，而且有熱情想要去完成，那麼你就是個企業家。但不是每個人都有這種DNA，而且沒有這種DNA也沒關係！

**史蒂夫・鮑爾默**（微軟前執行長）：

大家說的創業精神有兩種：創造某些全新的事物，例如開一家新公司，或是在既有體系內建立新事物。但對我來說，不管處於哪種環境，像是在大企業、小公司、F

營利事業或非營利事業，都可以歸結到同一件事：你看到一個模式，讓你相信自己看到某個別人看不到的東西，而且你會召集眾人的能量、腦力和決心，跟大家一起做出某些成果。這麼做當然要冒險，這也是創業精神的一部分，而且也有很多方法可以去做，未必要自己開公司。

**丹尼斯・克羅利**（網路企業家、紐約金士頓史多克足球隊創辦人）：

我其實不是很喜歡「企業家」這個詞，因為這好像是說為了創業而創業。我的看法是：你如果想看到某種這個世界還不存在的東西，就去把它創造出來。如果這意味著你必須創立一家公司，那就去做。我做過很多演講，在台上總是會被介紹說我是個企業家。在演講時我常用一張簡報，這是引用社群網站Reddit共同創辦人阿力斯・翁尼安（Alexis Ohanian）說的話：「在法文裡，企業家（Entrepreneur）這個詞的意思只是『有構想並把它實現出來』。」實際上這不是法文字，但我喜歡阿力斯的詮釋。

**荷西・內維斯**（葡萄牙商人、全球奢華時尚平台Farfetch創辦人）：

我想創業精神一直在我心裡。八歲的時候，我收到的聖誕禮物是一台電腦，可是沒有電腦遊戲，只有一本寫程式的手冊。於是我開始寫程式，而且發現我的第一個愛好：寫軟體程式。一九九三年十九歲的時候我開了第一家公司，就是「軟體工坊」，為企業寫軟體程式，後來葡萄牙北部一家製鞋老店和幾家時裝公司都變成我的客戶。就是這個時候讓我發現第二個愛好：時裝產業。最後我成為一個製鞋設計師，是一家時裝精品店的老闆，時裝秀的策展者，還做一些跟時裝產業有關的事。我熱愛這個產業，我深受這個產業裡的人、地方，還有混亂的創造力所吸引。時裝產業包含工藝、創意和出色的設計，它以各種形式來禮讚美。但這不是藝術，它應該要穿在身上，而且不只如此，在你穿上的時候，還會改變你那天的感覺，幫助你展現出你想要讓全世界看到你想表現出來的樣子。

**蓋瑞・范納洽**（白俄羅斯裔美國企業家）**：**

身為一個企業家，你必須熱愛創業過程，而且在逆境中感到自在。如果你熱愛創業過程，在逆境中感到自在，而且你熱愛這趟旅程更甚於從這趟旅程中得到的成果和財富，那你就有成為成功企業家的資格。

大家都很推崇創業精神，每個人也都想成為企業家。但實際情況是：煩死了。創業很困難，而且幾乎每個人都會失敗。你真的必須不怕被擊倒，真的不排斥面對衝突，真的要擁有很大的耐心，如此一來才有資格成為企業家，而不只是玩玩而已。

---

你常會聽到創業精神是與生俱來的特質（相同的假設也會套用在偉大的藝術家上），而且這是我跟很多成功企業家談過之後得到的觀點。以我的經驗來說，很多企業家確實擁有不少共同的心理特質，例如：自我效能（self-efficacy）、創新、控制信念（locus of control）、成就需求（need for achievement）、心胸開放、外向、友善；但也有許多外在因

素可能扮演重要的角色：「偶然發現」某個構想、時機、市場條件、取得融資，以及常常沒人提到的「在文化上接觸到創業精神」。我爸爸是創辦小公司的企業家，在曼徹斯特的辦公室買賣布料，所以我從小就覺得商業世界沒有很神祕。其實在整個印度移民社區裡，創業精神一向就深植為文化的一部分，在印度家庭長大的孩子從小就了解商業運作機制。也許這樣的接觸就為我進入社會提供一些必要的工具。

# Q 企業家在經濟和社會中扮演什麼角色？

**理查・布蘭森**（英國企業家、維珍集團創辦人）：

我堅定認為，大家應該要鼓勵有能力提供幫助的人確實採取行動。對企業家而言，培養人才，在需要的時候提供建議和投資很重要。我們現在愈來愈常聽到大企業必須為了更大的利益著想，在社會中發揮作用。我們全都要發揮作用，而且這很有商業頭腦。實際上，消費者要求企業要負起責任。

**李彥宏**（百度共同創辦人）：

企業家對我們生活的世界做出變革絕對非常重要。他們創辦新事業、開拓新市場，在歷史上是真正的變革推動者。數百年來，這樣的事情一直在發生。身為企業家，你有某個眼界與實際的動機去了解未來的發展。而在試圖預測未來上，企業家正是實現未來的主要推動者。衡量未來大家的需求，改變大家的思維和行為方式，確實是企業家所扮演的角色。他們現在是定義未來世界的重要力量，未來也會繼續這樣做。

**詹姆士・戴森**（英國發明家和企業家，戴森公司創辦人）：

對於交通、天然災害、資源分配和全球化等全球現在面對的問題，工程師和發明家擁有解決這些問題的特質與技能，因此很有潛力影響世界和經濟。藉由出口有全球性需求的實體科技，即可有效促進經濟發展。這些都掌握在工程師手上。

**穆罕默德・尤努斯**（孟加拉經濟學家、諾貝爾和平獎得主）：

企業家也是創新者。那些看到機會的人都有個共同點，當他們看到機會時，就會緊緊抓住。各式各樣的企業家會以不同的方式看待這些機會。追求個人利益的企業家把它看成是讓自己賺錢的機會，其中有些人根本不在乎這樣的生意會不會對社會產生負面影響。但確實有些人會擔心那些負面影響，因此想要避免從事這樣的生意。有些人想要提供對社會、對地球有用的產品或服務，同時還能賺錢。社會企業的企業家則是看到解決人們問題的機會，過去那些問題是靠政府解決，或是沒有人認為要解決，例如失業的問題。

**納拉亞納・穆爾蒂**（印度軟體企業家）：

企業家可以對社會做出許多貢獻。首先，企業家發想創業構想的力量可以為整個社會提升價值。他們的構想也許可以降低某個物品的成本、縮短一些工作的周期時間、提升產能、改善生活品質，而且可以透過書籍、音樂和影視產品等娛樂產品，帶來全新而更簡單的方法來尋求樂趣。第二，企業家可以創造就業機會。他們利用自己的構想來為人創造更好、薪水更高的工作。所以他們會為社會創造繁榮。當你能促進社會繁榮的時候，就不只是在自己的公司、產業或經濟部門創造就業機會而已，你還可以在第二級產業或第三級產業創造就業機會。我不知道哪個社會沒有因為創業精神的力量變得更加繁榮。第三，企業家因為勇於追夢、展現勇氣，承擔風險並改變周圍世界的能力，成為整個社會的好榜樣。

**東尼·歐魯梅勒**（奈及利亞經濟學家、企業家、慈善家）：

我認為，企業家跟其他私部門的經營者一樣，有義務用他們的智慧來改善社會環境，就像他們要改善自己的財務表現一樣。我經營的「非洲資本家」（Africapitalist）組織，不只是要為股東創造價值，也要造福整個社會。就我而言，我很高興看到全球領導人現在都贊同創業精神更有能力創造讓窮人漸漸受益的持續性進展，而不是利用慈善活動。這就是為什麼聯合國在「二〇三〇年可持續發展議程」中納入推動發展導向政策來支持創業精神的原因。在許多開發中國家，優先發展事項與有限資源的競爭已經壓垮政府系統，私部門處於獨特的位置，可以調動資本資產來實現持久而正向的社會轉型。企業與社區的關係應該是共生的：藉由提升周圍社區的生活水準，這些企業家也因為將自己的事業定位為讓潛在員工增加可支配所得、變得更健康與受到更好的教育，以及從其他各種好處中獲利。

## Q 企業家的主要動力為何？

**理查・布蘭森**（英國企業家、維珍集團創辦人）：

這是熱情、遠見、創造力和冒險精神的結合。我在很多地方都說過，創業的理由不應該是為了賺錢！你必須對這個計畫有熱情，想要有所作為。

**李彥宏**（百度共同創辦人）：

我不認為心中只想要開公司賺錢的人會很容易成功。這不會讓你一起床就渴望去工作。這個動力必須來自更高的層次。以我來說，我知道自己有能力，透過我很了解與有自信能運用的科技，真正改變一般人獲得資訊的方式。而且我知道，如果大家都能用最簡單、最方便的方式獲得資訊，這個世界就會產生巨大的變化。這不是一種抽象的創造欲望，而且金錢只是後來的附加物。一開始吸引我的是那個想要創造出改變的強烈需求，而我認為自己正是站出來接受挑戰的適當人選。

**穆罕默德・尤努斯**（孟加拉經濟學家、諾貝爾和平獎得主）：

我只會把「創業精神」這個詞用在追求個人利益的事業。對社會企業來說，我會用「社會企業的創業精神」（social business entrepreneurship）這個詞。兩個都是創業精神，但類型不同，產生的結果也不一樣。一種是自私的創業精神，另一種是無私的創業精神。正是無私的創意精神，才能引領世界走向社會、經濟和環境的永續發展，而且在當今世界現存的居民與未來所有世代之間，創造平衡的新文明。

**奇普・威爾森**（加拿大商人及慈善家）：

企業家一早起床就迫不及待，因為他們知道未來正在等待他們的構想出現。當確實得到財富之後，你知道它能讓你買下一些時間，你可以請助理幫你打理日常雜事，你就可以在更重要的事情上投入更多時間。然後你會變得愈來愈富有，也許就會去注意到私人飛機、專屬司機之類的事情，但到最後，我還是必須把握自己的每分每秒，完成自己想要完成的所有事情。

---

把尤努斯的看法跟其他幾位企業家的看法拿來對照是很有趣的事。尤努斯在現在稱為「社會企業」（social enterprise）的新領域是先驅者。他因為創辦孟加拉鄉村銀行（Grameen

Bank），而且創造一個能讓數百萬民眾得到貸款來脫離貧困的工具，因而在二〇〇六年榮獲諾貝爾和平獎。這是一個營利事業，擁有一個深厚的社會目的。對許多企業而言，傳統模式是先賺錢，之後再做好事，但現在有愈來愈多企業發現到，賺錢和做好事這兩條路其實未必要區分開來。你不能只祈禱得到利益，忘記自己對社會、環境、文化和人類的責任。

**拿威・簡（企業高階經理人、企業家）：**

每個人會用不同的方法來衡量成功，但不論你看比爾蓋茲或德蕾莎修女（Mother Teresa），他們的共同點都是有能力走出去，對數億人產生正面的影響。成功不是看你有多少錢存在銀行，而是你能對多少人帶來正面影響。可是「社會企業家」的整個概念反而對社會造成損害。我覺得「社會企業家」這個詞像是一個安慰獎，就好像是說：「啊，你本來也可以成為優秀的企業家，所以給你一個安慰獎。」創業精神本來就有社會性，我們全都是社會企業家。

**史蒂夫・凱斯**（美國企業家、投資人）：

採用一個構想，讓每個人都能取得，而且擁有大規模的影響力，這就是對企業家的龐大動力。在我的職業生涯中，三十年前創立美國線上時，只有三%的人上網。我們認為，如果每個人都上網，世界會變得更好，而且我們開始這樣做。花了十年才讓上網成為流行，但是驅動我們的構想是：生活在一個更為數位化與相互連結的世界，對社會而言是件好事。我們的動力有部分與打造自己的事業有關，但是還有一部分是與建立網際網路這個新媒體有關。在與我們往來的企業家中，我們也看到同樣的動力。這不只是與開創一個事業有關，也與想要對世界產生真正的影響有關。

**威爾**（美國饒舌歌手、黑眼豆豆樂團成員）：

我從來不會說：「嘿，各位，我們會發財。」因為金錢從來就不是「獎賞」。但要怎麼持續前進去做事呢？那就是激勵我的原因。我會想：「各位，接下來要做什麼？」

我一直讓黑眼豆豆（Black Eyed Peas）團員很火大的是，我們才在超級盃演出，或剛剛結束連續三天晚上的體育場表演，我就會問說：「各位，接下來要做什麼？」然後大家就會翻白眼說：「拜託，何不放鬆一下呢。」但是我還是會說：「來吧，我們還可以做這件事，還可以做那件事。」我的腦子不停的思考接下來要做什麼。如果讓我們一起爬上聖母峰，在山頂上感覺很疲憊、皮膚冒著水泡，還有點脫水的時候，我就是會說「喲！我們在這裡發射火箭就可以去月球了，我們現在跟月球有夠近！」的那種人。

**唐娜・凱倫**（美國時裝設計師，時裝品牌DKNY創辦人）：

我會因為事情沒做完而想要去完成它，我喜歡必須發揮創意的挑戰，喜歡學習新技術、新事業和做事的新方法。靈感一直都在那裡。現在，我正看著窗外的一棵樹，樹上有很多白色的葉子，我想可以為它做點什麼才好。發揮創意，大自然總是在啟發著我。不過從實際層面來看，這也與填補空虛有關，與想要找到一些方法來解決失去事物的挫敗感、讓生活變得更輕鬆有關。

在我現在的生活中，最有趣的一部分就是教書，而且我很幸運能在全世界最好的商學院擔任訪問學者。創業精神造就許多商業上的搖滾巨星，擁有任何名人或偶像所擁有的巨額財富、權力和影響力。所以，當你讓雄心勃勃的學生群聚一堂討論創業精神時，他們想要知道要怎麼成為未來的偶像，這或許是不可避免的事。每個學期我都會被問到要怎麼成為偉大企業家，他們的那些構想是怎麼來的。

## Q 偉大企業家有什麼特點？

**李彥宏**（百度共同創辦人）：

我認為只有很少數的企業家「天生」具備成功所需要的各種能力。我們大多數人都是在這一路上學習到許多必要的技能。在網路這種變化非常快速的產業中，你不斷面臨這樣的可能性：身為市場破壞者，也不停面對其他破壞者的挑戰。你必須準備好擁抱改變，不只是你的企業要準備好，在心態上也要準備好，甚至是要對變革本身感到興奮，而且深受吸引。我認為企業家都必須擁有一些微調能力，針對即將到來的變化進行調整。你必須預知下一個彎道可能會碰上什麼事情，不過你必須在有能力隔絕噪音與避免分心並專注在眼前目標之間做好平衡。

**詹姆士・戴森**（英國發明家和企業家，戴森公司創辦人）：

發明家不應該害怕冒險，他們應該要接受失敗，而且要能從錯誤中吸取教訓。我開發第一台戴森無塵袋吸塵器的時候，總共做了五千一百二十七個原型，一直到最後一個才成功！我想所有成功企業家的共同點就是不怕失敗。說到領導力，我一直希望有個跟我一樣有動力、但可能會跟我意見不一致的團隊。我們剛開始創業的五個人就是處於這種狀況，而現在戴森公司總共有五千人，也是如此。

**奇普．威爾森**（加拿大商人及慈善家）：

你要比別人更早到那裡等著。我看到很多人在離市場起飛還很久之前就創業。就以單板滑雪（snowboarding）來說，一開始可能只有三大品牌，但五年內就出現五百個競爭者，而市場最終整併成三大公司擁有的二十幾個品牌。如果你一開始就進市場，就能經歷爆炸性成長的過程。我們認為，真正的企業家是在大家還沒看到之前就開發出構想的人，不過有很多企業家可以看出我們處於市場發展的哪個位置，並能進出市場：「喔，現在產品太多、競爭太激烈，而且價格太低，大家都要破產了。所以我正要買下五十個品牌，把它們整併成一個超級品牌。」對有現金的企業家而言，這是強力採取行動的做法，但你必須有很多錢才能讓這個模式成功。但說到底，身為企業家的你，必須有動力去取得這個構想，在你有這個構想的時候，啟動並執行這個構想，不達目的絕不中止！

**基蘭．馬宗達爾－肖**（印度企業家）：

創業精神與非常創新的構想有關，而不是複製其他成功的企業。當我想到真正的創業精神時，我想的是開拓的精神。基本上這時你會說：「嘿！我想做點與眾不同的事，某些全新的事物，某些別人都沒想過的事情。」這可能是一個新構想、做事情的新方法，或是許多事物的組合。那些模仿或東拼西湊出商業模式的人都只是商人，並不是企業家。當我能看到別人沒想到的東西，才有讓人讚嘆的因素。一九七八年大家還沒想到生物科技的時候，我在印度創立柏歐康製藥公司（Biocon），那就是讓人讚嘆的因素。我每次想到新技術或新產品都會有相同的感覺，那時我知道我已經發現一些其他人沒有的東西。

**納拉亞納．穆爾蒂**（印度軟體企業家）：

企業家的第一個特質就是勇氣。偉大企業家要有勇氣去夢想不可能的事情，走在沒人走過的路上，勇敢抵抗很多反對者，而且做出很大的犧牲，只希望明天會是更好的日子。企業家的第二個特質是樂觀和懷抱希望。當你想要冒險，並想要走在人跡罕至或沒有人走過的路上，一定要保持積極樂觀。

**湯麗・柏琦**（美國時裝設計師、企業家和慈善家）**：**

總歸來說就是要有熱情。大家必須相信你的願景，而且有信心你有能力可以讓事情順利進行。有許多很棒的構想並不會實現。你也必須樂意擁抱風險，擁抱計算後的風險，因為不是每個風險都值得承擔。偉大的企業總是在創新，而創業的環境一直在改變，並不是每個人都合適。要有足夠的彈性與冷靜，才能處之泰然。

**威爾**（美國饒舌歌手、黑眼豆豆樂團成員）**：**

偉大的企業家擁有人脈，他們有能力把大家聚集起來，幫助大家了解自己的構想，而且化為現實。有些人有很好的技藝，比方說全世界最好的吉他手、全世界最好的鋼琴家、全世界最好的歌手、最好的平面設計師或跑得最快的人。但光是把事情做到最好，並不代表你知道怎麼把大家聚集在一起，讓所有人看到那些構想。但是有些人擁有的人脈真的很厲害。

# Q 如何區分企業家與個人的身分？

**蘇菲亞．阿莫魯索**（美國時尚企業家）：

我經歷過好幾次身分認同危機。我記得剛開始上台的時候，大家都稱讚我很坦率，但老實說，我只是懶得編故事。大家把這種坦率當成新鮮事，確實讓我很失落。為什麼說出自己的想法和真正的感受算是一件新鮮事？我倒想問問其他人，你們到底都在說些什麼？如果誠實是例外情況，而不是常規，那麼幹嘛要浪費時間聽所有人說話。

我肯定是吃錯藥才這麼衝，變得不太好相處，也有點狀況外。我在坎城跟億萬富豪一起搭超級遊艇，大家以為我跟傑佛瑞・卡森伯格（Jeffrey Katzenberg）是「同類」。我入選《富比世》雜誌「三十歲以下三十人精英榜」、《財星》雜誌「四十歲以下四十人精英榜」、《公司》雜誌「五百大企業榜」、《公司》雜誌「三十歲以下三十人精英榜」，還有《浮華世界》雜誌的「商業新秀」。我跟布萊恩・切斯基（Brian Chesky）與班恩・席維曼（Ben Silverman）一起名列榜上，被看作是同類人。也許他們覺得我是唯一可以上台的女孩。那時能成為代表人物當然很好，畢竟其他人都不能上台。於是我成為漫畫主角，後來又有人為我製作幾檔節目在Netflix播放，我真的成為名人要角！但那時正是我受到身分危機嚴重打擊的時候。我在二〇一六年六月登上《富比世》的封面，我的先生在二〇一六年七月離開我；沒多久我又墜入愛河，但我的公司在川普當選總統的二〇一六年十一月宣告破產。我那部飽受批評的Netflix影集在二〇一七年四月上映，但幾個月後就下檔。《浮華世界》（一年前邀請我參加他們的奧斯卡派對）的標題提到：「《正妹CEO》（*GirlBoss*）最大問題是它的原始資料。」喔，拜託！我對生活上發生的所有事情負責，但事情被鬧得多大、還有誰無知被收買而寫下我的頭條新聞，全都一派胡言。

## Q 創業構想來自何處？

**理查・布蘭森**（英國企業家、維珍集團創辦人）：

有很多東西可以激發創業構想，比方說，如果你不太滿意某項服務得到的體驗，也許就會想要創造更好的產品或體驗。也可以聽聽家人、朋友的意見，他們常常會有很棒的構想，而且會提供寶貴的建議。在旅行或工作時，我總是會攜帶筆記本來記下自己的想法、構想和跟其他人的對話。當我被困在加勒比海，並打算包機離開時，我萌生創辦航空公司的構想：我把空位賣給其他滯留的旅客，藉此付清包機費用。保持開放的心態，因為你永遠都不知道什麼時候會出現機會或構想。未來十年我們都要進入未知領域，因為我們面臨能源需求的巨幅成長，但對石油的依賴程度令人擔憂。企業家如果能找到適當的理由投入再生能源領域，一路發展下去也許就會創造出一些讓人興奮的新技術和成功的新事業。

**李彥宏**（百度共同創辦人）：

機會通常來自背景的改變，但創業的構想可能來自任何地方。它們可能會來自你意識到的痛點、瓶頸或無效率的地方。可能來自深夜與朋友的聊天，或是隨機出現的靈光一閃。但對我和百度來說，創業構想的一個來源是想要服務沒得到服務的大眾。為沒有得到服務的大眾服務是創新的真正動力。讓原本不精通科技，或是不熟科技但受過教育、生活富裕的城市居民理所當然的可以運用科技。這不是在製作簡化通俗的版本，而且實際上也帶來很多科技上的挑戰。

# Q你覺得成功的企業有什麼特徵？

**理查・布蘭森**（英國企業家、維珍集團創辦人）：

偉大的公司必須以出色的產品或服務為核心，也要有強大的管理階層來執行計畫，還要有個好品牌能在競爭者中脫穎而出。它要有優秀的人才，對於自己從事的工作有信念。人才就是維珍集團所有事業的核心。企業家往往能創造好產品、好品牌，但還需要引入管理團隊才能加以擴展，打造出真正偉大的公司。

**李彥宏**（百度共同創辦人）：

以我的經驗來說，我認為成功來自於專注和堅持，而我就是專注與堅持在科技上。這二十幾年來，我其實只做一件事。我一向認為，努力工作與堅持不懈的能力，幾乎能夠克服人與人之間天生的智力差異。成功不是因為擁有高智商，而是來自價值觀、熱情、學習意願、改進動力和奉獻精神。專注一點都不容易，一路上會有無數的誘惑，而且企業家往往會動搖意志，因為受到誘惑而轉向另一個機會。對百度而言，在這關鍵的幾年，我們抵擋無線加值服務和電玩遊戲等很多吸引中國同業的誘惑。這也許意味著短期可以帶來不錯的營收，但卻偏離我們的使命，因此我們繼續專注在搜尋引擎業務上。

## 納拉亞納．穆爾蒂（印度軟體企業家）：

偉大企業的第一個特性是長壽，這就是為什麼我很敬佩IBM、奇異電子、聯合利華和飛利浦這種長期經營的公司。商業上的長壽指的是可以成功飛越高峰和低谷。這是經歷許多艱苦磨難，學習承擔種種不可避免的失望，而且要持續進步。長壽指的是當你跌倒後要爬起來，拍拍膝蓋，繼續前進。而這也是持續改變社會的能力。

**東尼・歐魯梅勒**（奈及利亞經濟學家、企業家、慈善家）：

我根據非洲資本主義（Africapitalism）的原則經營企業，這個原則要求企業致力於發展，透過長期投資來提升經濟繁榮和社會財富。這是說成功的企業不但要為利害關係人創造價值，也要為相互支持的社區做出長期而持久的貢獻。

---

東尼・歐魯梅勒的答案顯示各國在資本主義方法上的重要差異。跟我們常常聽到的說法剛好相反，許多快速成長的「全球南方」經濟（global south）*，企業實際上是要致力於實現包容性成長（inclusive growth）†。這些國家的企業家未必都是採用雙重衡量標準的社會企業家，但現在也深具社會意識，知道該為自己的同胞負起責任。我參與「戰地之中」（Place of War）的慈善活動，認識不少非洲大陸的企業家和公司老闆，他們經營的企業都

---

* 譯注：這是指相對於北半球已開發國家，南半球多屬經濟開發較落後的第三世界。
† 編注：指創造各種經濟機會，藉由鼓勵就業來提高社會包容性。

非常成功，而且高度參與社會活動。在很多情況下，戰亂、社會動盪和種種危機正是這些企業家和家人歷史的一部分，因此無法忽視這些危機。

## Q 企業家最常犯什麼錯誤？

**史蒂夫．凱斯**（美國企業家、投資人）：

整體來看，大家往往沒有意識到，雖然擁有構想很重要，但是執行構想更重要。我常常引用愛迪生說的話：「沒有執行力的願景只是幻想。」有很棒的構想很好，但你必須去執行。很多人以為構想本身就是突破，但圍繞這些構想所產生的產品、服務或事業才是突破。你必須在周遭籌組團隊、籌組適當的合作夥伴關係，這樣才不會孤軍奮戰。那種單打獨鬥的精神很常見，但在醫療、金融服務或教育等市場，夥伴關係會變得愈來愈重要，全都需要很多人合作才能創造出有意義的影響。企業家常常沒有完全了解競爭環境。我們常常聽到誰說他們的構想有多原創，但如果其他人沒有這樣做，也許那不是個好構想。真正的好構想一定有很多人會去做，真正的問題在於誰才是贏家。

**楊致遠**（雅虎網站共同創辦人）：

企業家可能犯下最大的錯誤，大概是沒有為成功做好足夠的計畫。公司剛成立的時候，常常是處於求取生存的階段。它們不會考慮需要擴大規模（甚至是超大規模）時會發生什麼事，或是偵測到新創企業要進入市場時，身為現存的企業要如何競爭。對創業精神的誤解是以為這是單人表演。但光靠一個企業家幾乎不可能搞定所有事，在偉大的企業家背後肯定需要有一個很好的團隊。

---

創業精神是改變與進步的原動力。我們現在的日常生活這麼舒適，有許多都要歸功於成功的企業家創造出數百萬個工作，並在這個過程中推動世界前進。從網際網路到汽車，

從現代醫學到娛樂事業，企業家一直是看到更好的方法而承擔風險的人。過去二十五年來，企業家也透過慈善事業、社會影響力投資（social-impact investment），以及藉由提供風險資本來刺激社會部門創新，應用相同的技能來解決世界上最急迫的問題。對於極少數成功擠進高層的幸運企業家而言，回饋社會幾乎是先決條件。在美國，像是比爾蓋茲和華倫．巴菲特都發起「捐贈承諾」（Giving Pledge），這是承諾捐出畢生大部分財富捐的企業家運動。

## Q在創業精神中，慈善事業扮演什麼角色？

**理查．布蘭森**（英國企業家、維珍集團創辦人）**：**

我一向認為商業是積極改變世界的有力工具，因此我認為創業精神在處理全球性的挑戰與其他各種挑戰上扮演很重要的角色。公共資金和開放式研究對於提出更好的構想、新技術和進步的政策絕對至關重要，但是似乎只有市場才有能力投入資源去真正擴大規模，而這些市場都是從創業精神開始。獲得的獎賞可以成為推動構想的催化劑，特別是在新穎而重要的領域。

**李彥宏**（百度共同創辦人）：

我當然是支持也鼓勵企業家做慈善活動，也樂意看到企業更廣泛的參與社會議題，慷慨解囊，致力公益，這也是大家對企業的期待。我還要補充說，企業家或公司最好從一開始就建立一個真實崇高的使命感。如果你開始做些事情，而你的公司成功了，就意味著為社會帶來實際的利益，這才是最高形式的慈善事業。

**穆罕默德．尤努斯**（孟加拉經濟學家、諾貝爾和平獎得主）：

慈善事業可以幫助民眾解決一些過去無法解決的問題。這是很棒的概念，因為在一家企業緊緊專注於獲利目標的自私世界裡，這是解決民眾問題唯一的窗口。不過我看到慈善活動上有個很大的限制，慈善資金都只能使用一次，用完就沒了，也不會退還給捐助者。我藉由創建社會企業的概念來解決這個問題。我使用企業的方法論，將企業與個人利益脫鉤來達到慈善的目標。如此一來，我們就可以回收資金，而且重複使用同一筆錢，不斷的實現目標。慈善事業很快就會變得非常壯大。藉此把創業精神和永續性帶進慈善事業。

**納拉亞納・穆爾蒂**（印度軟體企業家）：

創業精神是要透過構想的力量來改變我們的世界，而企業家使用他們構想的力量來讓世界變得更美好，並在這個過程中賺錢。對許多企業家而言，他們會繼續透過慈善活動繼續這段改變之旅。企業家把部分財富用於慈善活動是很自然的事，不過最終還是透過構想的力量來改變世界。這樣的慈善之旅一般是由社會企業家來主導。

**麥克・奧托**（德國企業家，奧托集團負責人）：

如果我們想要長期讓事情變得更好，光是慷慨捐助是不夠的。這就是為什麼我會親自參與建立基金會的活動和其他一些社會計畫的原因。我認為透過我的親身參與，來觸發和推動基本的社會與環境政策倡議非常重要。對我來說這不只是「做好事」而已；在執行特定計畫的同時，也能提升大家對特定議題的了解，教育和培育一些構想，而且可以產生動力，讓其他人可以接受並進一步發展。在我看來，你支持和開發的計畫在某個階段必須達到自給自足，才具有社會意義。

## Q 企業在多大程度上會成為社區？

**史考特・法奎**（澳洲企業家）：

企業一直都是一個社區。建立社區與創立事業要齊頭並進，這是我的信念。很多員工到公司上班前常常會自我檢查，刻意把一部分的自己留在家裡。這可能是因為他們覺得受到歧視，或是不被其他人接受，但我的看法是：允許員工全心投入工作的公司才能讓員工全力發揮潛力。過去我們總是把工作和家庭區分開來，下班之後回到家就不再聽到公司的事情，一直到隔天再去上班。過去通訊系統所缺少的東西，讓大家有更多空間可以為教堂、社區或其他活動做些事情。同時因為相同的原因，我們也不會在上班時處理私人事務。你不會去上班，然後在工作中間更新臉書動態。但現在的工作和個人生活相互交雜，兩者的界線幾乎消失。我如果跟員工說午休時間不准上網買東西，就跟要求他們週末不要回覆工作郵件一樣奇怪。

## Q 失敗在創業的旅程中有什麼作用？

**奇普・威爾森**（加拿大商人及慈善家）：

我的目標是活到五十歲，而且過得很健康，並取得經濟上的成功，度過景氣低迷時期。那時我從事衝浪、滑冰和滑雪板事業已經十八年，但沒有賺到錢，我對此並不滿意。我持續在承擔風險，卻沒有獲得回報，而且最終整個批發生意崩潰，再也撐不下去，所以我把公司賣掉，重新開始。如果沒有經營西海岸公司（West Beach）那十八年的徹底失敗，露露檸檬（Lululemon）的一切都不可能實現。我們必須重新定義「失敗」的意義。我們必須將失敗從自我中脫鉤，而且了解到這是我們教育的一部分。我第一個十八年經營西海岸公司，就好像讀了十八年的企管碩士班。如果沒有這些經驗，根本學不到需要學習的事情，變成世界第一家直接面向消費者的垂直零售商。創業過程中會碰上許多失敗和挫折，這就是現實情況。

**丹尼斯．克羅利**（網路企業家、紐約金士頓史多克足球隊創辦人）：

有時我不認為大家在成為企業家時知道自己的角色是什麼。當你去機場停在書報攤前，就會看到架上滿滿都是成功企業家的封面故事，但是沒有人談論失敗，而且很少談到日子不好過的時候。沒有人想要承認公司有十次差點就要破產。但我的所有談話都與失敗有關，像是那時的情況有多困難，這份工作有多糟，而且實際上有多難。大家進入這個世界時往往認為一切都很美好，但並不是這樣。大家都不談這些事，以為自己是唯一經歷過這些挑戰的人。大家談得愈多，就會愈了解這是必經的旅程。成功企業家必須談論不好的一面，而不是只談好的一面。每個人都有一條獨特的路，我確實相信這點。你無法藉由複製其他人的旅程來取得成功，但儘管如此，我們都必須奮戰、要成功走出迷宮，而且從中學到的經驗也許能幫助更多人搶得先機。

## Q 你想對未來的企業家說什麼話？

**李彥宏**（百度共同創辦人）：

這是我常常談到的話題，而且我一再強調企業家應該專注在他們認為值得做的事情上，運用自己的判斷力，不要盲目跟隨大眾。如果能在你最擅長和最喜歡做的事情中間找到甜蜜點，成功的機會立刻會高出許多。去做你最擅長的事情，就會做得比競爭對手更好。而且如果專注在自己喜歡做的事情上，即使面對強大的競爭者、好運被逆轉，或是有讓人分心的事，你都能頑強的堅持下去。

**詹姆士・戴森**（英國發明家和企業家，戴森公司創辦人）：

不要渴望成為企業家，而是要渴望創造出某個東西來解決問題。我想對年輕人說的是，一個構想要先做出原型，然後去測試。一次又一次的測試，做出改進，並從失敗中學習。不要害怕只剩下一個人。有時候我們必須勇敢跳入深淵，如果因此創造出真正有效的顛覆性技術，帶來的報酬實在是很驚人。

**穆罕默德・尤努斯**（孟加拉經濟學家、諾貝爾和平獎得主）：

我的訊息不是要給對「創業精神」感興趣的人。不管怎樣，那樣的人很小眾。我的訊息想要給所有年輕人，就算他們現在對這些話不感興趣。其實每個年輕人都有潛力成為偉大的企業家。我的訊息是一個簡單的問題：你應該從頂層開始生活，還是要從底層開始生活？如果你去工作，你會從底層開始。在那裡要忙著應付直屬主管，放棄創造力來適應主管界定給你的小角色。接下來的生活就是致力完成老闆為你設定的目標，而不是你設定的目標。你想過自己的目標嗎？為什麼不從你的目標開始，以自己的方式過生活，並改造世界。要成為領導人，而不是渺小的追隨者。別人會告訴你這樣太冒險，別聽他們的話。從找出自己的解決方案開始。事實上，其他人不會為你創造解決方案，這就是你的優勢。你有機會試著提出你的構想，沒有人能打擊你的構想，而且有很多跟你一樣的人等著加入你。請邁出第一步，我可以保證一定很有趣。

**荷西・內維斯**（葡萄牙商人、全球奢華時尚平台Farfetch創辦人）：

繼續創新，並為你的市場提供別人無法做到的產品。Google就是很大的靈感來源。他們讓核心業務，也就是廣告業務達到最好，但還是不放棄為不可能的計畫投注資金。我學到最重要的一項教訓與文化和價值觀有關：一家企業的文化從成立第一天就已經存在，而且確實來自創辦人和創辦公司的團隊。一旦公司變得更大，就需要用語言表達並記錄公司文化，讓大家都清楚明白，而且成為口頭禪。當你雇用大約一百五十位員工的時候，一切都會改變，而現在我們已經有超過三千人。剛創業的時候，我的工作是尋找很棒的精品店、與開發人員合作創造產品或設計解決方案、尋找客戶。現在我的工作實際上與領導、文化、價值觀有關，以及擔任企業大使與試著達到想要的目標，當然也要管理投資人。這跟我剛創辦Farfetch時的工作大不相同，不過我還是樂在其中，而且很感謝整個團隊。

**賈馬爾・愛德華茲**（英國企業家）**：**

最重要的是自信。自信非常重要。你要相信自己，試驗自己的構想。萬一失敗，則要從失敗中學習並繼續前進。不要因此受傷。別讓成功沖昏頭，也別因為失敗灰心喪志。

**史蒂夫・凱斯**（美國企業家、投資人）：

社會仍然有很多問題和挑戰，需要全新的思維、大膽的觀點和創新。下一波創業的浪潮也許是我們見過最有趣、最有影響力的浪潮。現在有些企業家專注在如何保持健康、如何飲食、如何旅遊、如何管理能源、如何學習，以及其他影響幾十億人生活的重要議題。我希望企業家都能受到鼓舞，迎接巨大的挑戰。在這些挑戰中充滿機會，而且這些機會可以打造下一波改變世界的指標企業。我希望企業家能夠把眼界拉高，解決大問題和挑戰，而且充滿熱情與毅力前進，產生重大的影響。

**東尼・歐魯梅勒**（奈及利亞經濟學家、企業家、慈善家）：

我認為對未來企業家而言，最重要的是建立永續的企業，長期為股東創造價值。但是對這些公司而言，產生社會影響力也很重要。當然這不是通往成功最簡單的道路，但卻是負責任的做法，而且我堅信，這才是建立偉大遺澤的基礎。

**傑克・威爾許**（奇異公司前執行長）：

建立優秀團隊就是這個商業遊戲的一切。擁有最好的成員一起工作的團隊才會贏。優秀的團隊會推動成長，而成長就像顆萬靈丹。讓人振奮，創造愈來愈多的成長，帶來很多樂趣。商業很有趣，這是一個遊戲，你跟別人比賽，而且你想要贏。贏是好事，輸是壞事。你想要在贏家的更衣室慶祝，還是輸家的更衣室垂頭喪氣？如果你贏了，就能回饋給家人、你選擇的機構，以及所在的社區，如果你輸了，口袋就會一毛不剩。

**拿威・簡**（企業高階經理人、企業家）：

你的夢想必須大到讓別人認為你很瘋狂。如果別人不認為你很瘋狂，你的夢想就不夠大。永遠不要害怕失敗。身為企業家，你永遠不會失敗，因為你會調適與轉向。構想會失敗，但人不會失敗。你如果夠聰明去調適和轉向，你就會意識到那些構想會成為墊腳石。

**威爾**（美國饒舌歌手、黑眼豆豆樂團成員）：

你必須清楚知道你在跟誰講話。你必須知道你和誰在談判桌上。你是提出構想的人？記錄的人？執行的人？後續處理的人？還是負責整合的人？在一個恰當的思考流程中，需要有這些特性的人：提出構想的人、專家（把眾人集結起來，與提出構想的人不一定相同）、記錄的人（把所有內容記下來並整理好）、執行的人（規畫行動要點，並了解需要做什麼事），以及後續處理的人（執行這些行動）。還要有個知道如何把這些人集結起來的「組織者」。你是那個人嗎？你是誰？我是提出構想的人，我確切知道自己是這樣的人。我不是很好的執行者，我有時候會想太多，而且過於捍衛自己的構想。身為一個提出構想的人與推動者，思考結束後你會很想要讓構想實現，這常會讓企業窒息，因為你不允許它成長。

**凱文・奧利里**（商人、作家、電視真人秀《創智贏家》主持人）：

你要做的第一件事是讓財務上軌道，我跟所有學生都說相同的事。如果要從十年來的《創智贏家》（Shark Tank）節目或英國、加拿大、澳洲的《龍穴創業投資》（Dragons Den）節目學到些什麼的話，那就是所有國家的形式都一樣。所有成功的創業提案都可以找到三個要素。首先你必須站在大老闆前面，在九十秒甚至更少的時間解釋商機是什麼。如果做不到，就會失敗。第二，你要解釋為什麼你是執行這個商業計畫最適合的人選。你知道什麼？是什麼讓你與眾不同？你有過什麼經驗？為什麼你是最合適的人？糟糕的執行一個偉大的構想會是個很可怕的投資，所以你必須向我證明你可以確實執行。最後，也是我最自豪的一點，如果你不知道你的財務數字，我可以確信你永遠會深陷火焰地獄。你必須知道自己的財務數字。如果你要在我面前談生意，最好知道損益平衡分析、毛利率、市場規模和競爭對手數量。這些東西我預期你會知道，這只是大家都要知道的東西。如果你不知道，就會失敗。

**史都華・巴特菲德**（加拿大企業家，Flickr網站共同創辦人）：

首先，你必須先考慮到客戶。第二，致力朝願景努力，而不是不斷懷疑自己，這點的重要性再怎麼強調也不為過。將產品推到市場絕對會得到重要的回饋意見，但也很容易因此受到左右、猶豫或改變方向。像Slack這樣快速成長的公司，感覺有點像在做跑酷運動（parkour）。你的移動非常快速，要把握機會利用所在環境的東西。以跑酷運動來說，那些東西可能是牆壁或欄杆，而對我們來說，就是市場的改變和客戶的需求。兩者的結果很像：如果你有猶豫，就會撞傷，而且可能傷到自己。最好做出稍微偏離的決定，但是全速前進，不要因為懷疑而停下腳步。

---

在這一章一開始，我承認我不知道企業家是什麼，一直到有人這樣稱呼我。現在，創業精神最令人矚目的部分也成為好萊塢的諷刺題材，被製作成書籍，還有充滿影響力的企業家主辦研討會和顧問服務，他們從這些活動賺到的錢，甚至比實際的事業經營賺到的錢

還多。我認為重要的是我們不該讓現實生活出現這種情況。

在世界各地，有些人會想要尋找解決問題的方法，這份熱情會化為一項事業，他們想要改變世界，有動力去創業，或是沒有選擇才創業，以自己的方式來開展生活。不管是在地小商店的老闆或是創立跨國大企業的大老闆，企業家無處不在，也構成我們經濟的支柱。但連結這一切的線索，卻是將構想化為現實的能力並堅持到底，這是詹姆士・戴森爵士在談到「企業家具備哪些特質來致力於促使構想成真，並堅持到底」時所提到的特徵。

創業的演化方式與生物演化的方式幾乎一樣，都是好構想到最後成功的故事。出現幾十億次的迭代，使整個人類系統增加價值，讓人類蓬勃發展，以愈來愈快的速度成為文化的一部分。萊特兄弟在一九〇三年第一次動力飛行時只飛了一百二十英尺，但僅僅六十六年後，已經有兩個人站在月球上回望地球。同樣的壯舉是一九四一年出現第一台數位電腦，不到七十年的時間，我們人類就進步到開發出將人類所有知識連結在一起的電腦雲端系統。

網路時代的早期是創業史上最讓人振奮的時期。一小群人開創出規模空前的全球企業，接著又在非常極端的環境下學習創業。楊致遠就是最早推出搜尋引擎的雅虎（Yahoo!）共同創辦人，而且這家公司讓他成為世界上最早的網路億萬富翁。正如我們在本章看到的，創業精神對他而言就是找到一致而強大的使命，創造能夠改變世界的東西。而要做到這一點，你需要一個團隊來共同分享熱情與信念、成功和失敗。我見過的每位成功企業家，也都毫無例外的認同這個觀點。

我們產生構想的先天能力，可能是我們擁有最強大的能力。企業家只是運用資本、知識、工具和基礎設施等大量資源，把自己的構想化為實體或虛擬資產，讓這些資產被社會和更廣泛的文化吸收的人。佛祖說得最透澈：「心生，世界生，心滅，一切歸於無，人的想法生出大千世界。」

# 訪談者簡介

◆ **理查・布蘭森爵士（Sir Richard Branson）**：英國企業家、投資者和作家。維珍集團創辦人，在許多產業掌控超過四百家公司。

◆ **李彥宏**：中國軟體工程師兼企業家，搜尋引擎百度公司的共同創辦人，百度是全球第五大受歡迎的網站，僅次於Google、YouTube、天貓和臉書。

◆ **詹姆士・戴森爵士（Sir James Dyson CBE）**：多次獲獎的英國發明家和企業家，戴森公司創辦人。最出名的成就是推出革命性的吸塵器，其他電器產品也多次贏得設計獎項。

◆ **穆罕默德・尤努斯教授（Professor Muhammad Yunus）**：孟加拉社會企業家、銀行家和經濟學家。他的工作獲得許多獎項的肯定，包括二〇〇六年諾貝爾和平獎，他在孟加拉籌辦孟加拉鄉村銀行，發起微信貸與微金融的革命性概念。

◆ **基蘭・馬宗達爾－肖（Kiran Mazumdar-Shaw）**：印度企業家，生物科技公司Biocon Limited董事長

兼常務董事，也是印度管理學院前董事長。二〇一九年入選《富比士》「全球最具影響力女性」第六十五名。

◆**納拉亞納・穆爾蒂（N. R. Narayana Murthy）：**印度軟體企業家科技巨頭Infosys共同創辦人。《財星》雜誌評選爲當代十二位最偉大的企業家之一。

◆**湯麗・柏琦（Tory Burch）：**美國時裝設計師、企業家和慈善家。國際時尚品牌「湯麗・柏琦」的執行董事長兼創意長。

◆**史蒂夫・凱斯（Steve Case）：**美國企業家、投資人和商人。美國線上公司前執行長兼董事長，提倡改革移民政策而聞名。

◆**楊致遠：**企業家及電腦程式設計師，雅虎網站共同創辦人兼前執行長。雲雨創投（AME Cloud Ventures）創辦人。

◆**傑克・威爾許（Jack Welch，一九三五年－二〇二〇年）：**美國企業高階經理人、化學工程師和暢銷書作家。一九八一年至二〇〇一年間擔任奇異公司董事長兼執行長。

◈ **史蒂夫・鮑爾默（Steve Ballmer）**：企業家與投資人，在二〇〇〇年至二〇一四年間擔任微軟執行長，現在是美國職籃洛杉磯快艇隊的老闆。

◈ **丹尼斯・克羅利（Dennis Crowley）**：網路企業家，社群網站Foursquare和Dodgeball的共同創辦人，紐約足球隊金士頓史多克（Kingston Stockade FC）的創辦人。

◈ **荷西・內維斯（José Neves）**：葡萄牙商人，全球奢華時尚平台Farfetch創辦人。

◈ **蓋瑞・范納洽（Gary Vaynerchuk）**：白俄羅斯裔美國企業家和暢銷書作者，雷西及安伯斯葡萄酒公司（Resy and Empathy Wines）共同創辦人，VaynerX董事長、VaynerMedia執行長。

◈ **東尼・歐魯梅勒（Tony O. Elumelu）**：奈及利亞經濟學家、企業家、慈善家，繼承者控股公司（Heirs Holdings）、非洲聯合銀行（United Bank for Africa）及Transcorp董事長，東尼・歐魯梅勒基金會（Tony Elumelu Foundation）創辦人。

◈ **奇普・威爾森（Chip Wilson）**：加拿大商人及慈善家，露露檸檬公司創辦人，「運動休閒」風格的背後推手。

◈ **拿威・簡（Naveen Jain）**：企業高階經理人、企業家，InfoSpace創辦人與前執行長，Moon Express共同創辦人兼執行董事長、Viome創辦人兼執行長。

◈ **威爾（will.i.am）**：美國饒舌歌手、詞曲創作者、製片人和演員。黑眼豆豆樂團成員，在《美國好聲音》（The Voice）節目擔任評審而爲人所知。

◈ **唐娜・凱倫（Donna Karan）**：美國時裝設計師，時裝品牌DKNY創辦人，二〇〇七年創辦生活風格品牌Urban Zen。

◈ **蘇菲亞・阿莫魯索（Sophia Amoruso）**：美國商人，職業婦女專業網路平台Girlboss Media的創辦人。她的暢銷書自傳《正妹CEO》（*#GIRLBOSS*）曾改編爲Netflix影集。

◈ **麥克・奧托教授（Professor Michael Otto）**：德國企業家，奧托集團（Otto Group）負責人，是僅次於亞馬遜公司的網路零售商。

◈ **史考特・法奎（Scott Farquhar）**：澳洲企業家，企業軟體公司Atlassian共同創辦人兼執行長，客戶包括美國航太總署、特斯拉和SpaceX公司。

- **賈馬爾・愛德華茲（Jamal Edwards MBE）**：英國企業家、模特兒、暢銷書作家，網路音樂平台SB.TV創辦人，與倫敦青年會重建計畫Jamal Edwards Delve創辦人。
- **凱文・奧利里（Kevin O'Leary）**：商人、作家、政治家與電視名人，從二〇〇九年起擔任電視真人秀《創智贏家》主持人。
- **史都華・巴特菲德（Stewart Butterfield）**：加拿大企業家和商人，照片分享網站Flickr的共同創辦人兼執行長。

# 第五章

# 歧視與傷害

## 他們和我們

我們要設身處地的理解對方的感受，不要執迷於無知的邪教。

——美國女演員蘿絲·麥高文（Rose McGowan）

我記得小時候爸媽帶我去英格蘭北部黑潭主題樂園（Blackpool Pleasure Beach）搭「太空塔」。這個四十八公尺高的旋轉觀景台，可以觀看周遭美景，似乎是開始遊覽的好方法。我還記得那種興奮感，就像你在小時候感受到那種眼花撩亂的感覺。不過這種興奮感很快就消失了，因為有另一個家長在跟我們一起搭乘的時候發表長篇大論，嗆說：「幹嘛不滾回自己的國家？你這個巴基人！」*這就是我最早感受到的種族經驗，雖然那時我什麼都不懂。然而對於一九六〇年代來到英國的爸媽來說，種族經驗一直是早年在英國生活中無處不在的一部分。我可以再舉幾個例子。我爸爸剛搬來曼徹斯特的時候，住在一間雅房，每週要價五英鎊。他到處尋找更好的住所，最後在熱鬧的迪茲伯里區（Didsbury）找到還不錯的公寓。他馬上打電話給房東，約好去看房子。等他到那裡時，房東開門看到他，停頓一下才說：「不好意思！房子剛租出去了。」這種事只有一次。對我爸而言，聽到別人大喊「巴基人滾回去！」很常見。我問我爸怎麼受得了，他說他認為在英國生活就是這樣。而且因為他特別在商業界看到有人對他好，所以不去計較那些歧視。許多人跟我爸媽同時間來到英國的移民社區，對這種事情的反應不外乎「戰」或「逃」。「戰」的意思是融入，「逃」則是建立封閉孤立的社區。前者當然是比較成功的選擇，但要做到這一點，確實需要雙方都有開放的態度。

在我成長的一九八〇年代，種族歧視是生活的一部分。從在學校時被稱為「咖哩鍋」或「巴基」，到我很幸運很少遇到的街頭歧視事件，我理所當然的認為有很多人只因為我有棕色的皮膚就不喜歡我。雖然我並不在意，因為這感覺像是一種社會規範，這是當時社會運作的一部分。值得慶幸的是，隨著進入一九九〇和二〇〇〇年代，種族歧視對我而言不再是問題。部分原因是我的事業讓我可以進入富裕的中產階級左派圈子，但我認為真正的原因是社會漸漸無法接受種族歧視的現象。除非特別有人指出來，不然我通常不會想到自己的膚色。例如我剛創業時有一位記者問我：「那麼，維卡斯，身為亞裔創業者，感覺如何？」我的回答很簡單：「大概跟其他創業者一樣吧，只是皮膚比較黑？」這似乎是相當無害的交流。在社會中那種「他們和我們」分明的感覺，只有特別被點名出來才會變得相當明顯。不過最近幾年來，我才意識到年輕時經歷的種族經驗其實很強烈，只是被推進

* 譯注：巴基人（Pakis）是對南亞人的蔑稱，不限於巴基斯坦。

更深層的陰影中了。

二十多年來，我第一次意識到自己的棕色皮膚。我發現自己對於穿著、去哪裡、如何說話、要帶什麼東西與行為舉止都格外謹慎，這不是要配合任何社會的新規則，而是不要讓人誤以為我是恐怖分子，或是認為我別有意圖。我知道我不是唯一一個在機場「上飛機前刮鬍子」、或是在大眾運輸系統上確實意識到自己與眾不同的人。

歧視也不只在種族議題上。世界各地都有人因為性別、膚色、社經背景、宗教、性向或政治背景，而在經濟、社會和文化上被邊緣化（而且常常因此遭受暴力和流離失所）。各位只要看看美國那種系統性、制度化的種族主義就知道有多可怕。許多非裔美國人因此喪命，而且死在本來應該保障人民的體系之手。二〇二〇年五月喬治・佛洛伊德（George Floyd）被謀殺引發全球抗議，很明顯的，對很多人來說，這種狀況已經太過份了！事情必須有所改變。

在這一章，我採訪幾位在職業生涯中致力揭露或消除各種歧視的領導人與社運人士，包括前南非總統戴克拉克（F. W. de Klerk）談到種族隔離政策，納粹大屠殺倖存者依琵・克妮（Iby Knill）分享第二次世界大戰的經歷，演員喬治武井（George Takei）講述在美國集中營的經驗。行為藝術家艾未未與我暢談藝術與行動主義（activism），以及演員蘿絲・麥高文說起經歷到的性別歧視，國際帕拉林匹克委員會（International Paralympic Committee）前主席菲利普・克雷文爵士（Sir Philip Craven）談到殘障人士面對的歧視。諾貝爾和平獎得主蕾嫚・葛博維（Leymah Gbowee）與我分享她對爭取性別權利的看法，而梅琳達・蓋茲（Melinda Gates）談到消除性別歧視的解決方案。露絲・杭特（Ruth Hunt）和彼得・塔契爾（Peter Tatchell）討論同志及跨性向（LGBT＋）社群面臨的挑戰，已故的哈利・史密斯（Harry Leslie Smith）和上議院柏德議員都談到經濟邊緣化的窮人所面對的困難。我也跟喜劇演員和作家大衛・巴迪爾（David Baddiel）談到我們在網路上遇到的歧視經驗，以及它在數位世界如何呈現。

# Q在你的一生中，貧窮的現象出現怎樣的改變？

**哈利．史密斯**（英國作家兼政論家）：

在我的一生中，貧窮有許多改變，雖然某些相似之處與互相呼應的地方一直都存在。在一九二〇和一九三〇年代我年輕的時候，經歷的貧困比現在大多數壓力最大的人所能忍受的事情還要嚴苛許多。我們那時住在布雷德福（Bradford）貧民區的破房子，生活在惡劣的環境中。沒有福利制度，到處是無家可歸的人，生活在自由主義者的反烏托邦世界裡，窮人得到的援助非常少，苦難無所不在。沒有國民保健署（National Health Service），意味著如果你負擔不起醫療費用，你會比中產階級或上層階級更早死，而且通常會飽受更多痛苦。今天，窮人就在四周，雖然不像一九三〇年代那麼極端，但我擔心會朝那個方向發展，因為多年來的財政撙節政策已經摧毀福利制度。我開始看到類似大蕭條期間針對低收入勞工與窮人的惡劣對待，今天這種感覺跟小時候一樣，艱苦的生活不會結束。身為歷史的見證者，我有責任告訴大家，貧窮的痛苦是可以消除的，但只能透過行動與政治變革來實現，而這一切要從登記投票開始，我們需要大家出來投票。

## Q 政府在消滅貧窮上可以發揮什麼作用？

**上議院議員約翰．柏德**（《大誌》雜誌（*The Big Issue*）聯合創辦人）：

要了解貧窮，先要了解政府資金發揮的作用。我們的稅收投入到社會保障機制中，頂多只能提供某種協助。社會保障制度最初發明時，是藉由提供職業訓練和實物援助來幫助大家度過一時的難關。但是這樣的社會保障立法中，掩蓋了社會發展的機會。在現今的世界，福利保障保護窮人，卻也因為保護太久，一旦政府想要做出改變，就會嘗到自己種下的苦果。它們會破壞人們為了養活自己、家人與小孩正常取得技能的機會，政府也會破壞民眾成為企業家與培養技能的動力。

大家常把「窮人」看成不一樣的物種。但要是把英國自由派中產階級的表層剝掉，就會發現大多數人其實也不過就是幾代之前有某個祖先播下種子，使整個家族擺脫貧困。也許是某個祖父勤勤懇懇學會新技能，或者出現一位孜孜矻矻的創業者。歷經一代的努力之後，整個家族就不必了解貧困是什麼了。

——

這十幾年來，我一直跟曼徹斯特慈善機構「芥末樹」（Mustard Tree）密切合作，為地方成千上萬名貧困與受邊緣化影響的民眾提供援助。在英國，我們很幸運擁有合理的社會安全網。但即使如此，隨著壓力累積，情況就像是用手指頭堵住大壩裂縫一樣。跟全世界許多國家的政府一樣，英國政府也投入巨資，把創造財富列為優先目標。然而住房難以負擔，職缺又轉移到服務業及金融部門，加上社區和安全網的經費不足，一系列的條件所帶來的最後結果，是讓幾百萬生命陷於危急狀態。我們是全世界最富裕的國家之一，不過（來自約瑟夫．羅恩崔基金會〔Joseph Rowntree Foundation〕）研究指出：英國的貧窮率（poverty rate）高達二二%（約一千四百萬人，即人口五分之一），其中一百五十萬人正陷於貧困之中（包括超過三十萬名兒童）。二〇二〇年新冠疫情封城期間，許多家庭突然碰上難關，「芥末樹」組織接收到的求援需求超出預期。

## Q 殘障人士實際上面對多少歧視？

**菲利普・克雷文爵士**（帕拉林匹克運動會輪椅籃球運動員）：

我不常碰到歧視，但如果有人給我這樣的感覺，我就不會再去那個地方或跟那些人見面。不過我得說，的確存在很多歧視。要讓社會大眾改變這些神話般的「族群」的看法，必須先創造彼此有利的正面經驗，不要只是立法強迫大家遵守。當然在某些情況下，立法保護也有必要。比方說，更寬的停車位意味著輪椅族可以離開輪椅，進入汽車前座。因此必須運用各種方法來教育社會大眾，大家才能改變對其他人的看法，不必被告知他們必須相信的事情，或是以某種方式採取行動。大概在十年前，美國有些人覺得殘奧會的選手在所屬的社區被稱為「超級瘸子」，或許只是因為他們彼此欠缺交流。其實當你真正下定決心，展現自我就可以了。你只能藉由展現自己真正的樣子來改變大家的看法，別人無法為你做這件事。

## Q「殘障」這個詞到底是什麼意思？

**菲利普．克雷文爵士**（帕拉林匹克運動會輪椅籃球運動員）：

「殘障」（disability）這個詞本身含有否定的意思，以「殘障人士」來泛指某個類型的人更糟糕。每個人都是獨立的個體，而這些個體的個性應該都要表現出來，不需要被貼上標籤。年紀大一點的人多多少少會有視覺、聽覺或行動遲緩的問題，但他們是殘障人士嗎？他們會堅持拋棄這個稱呼，他們不會認為自己屬於殘障族群。我是菲利普．克雷文；菲利普．克雷文是我。我是不是坐在輪椅上並不重要，我還是我。

二〇一〇年溫哥華冬季奧運會時，我們住在威斯汀飯店。那裡有一間改建浴室的小水槽，水永遠不會流光。我打電話問飯店人員，他說那個水槽裝有虹吸設備，所以不管你在水槽裡吐什麼東西，水槽都會維持半滿。我跟飯店說，在五星級飯店裡有這樣的設備實在讓人難以接受，可是他的回應好像是在說，這就是殘障浴室的殘障洗臉盆，不然你期待有什麼。這剛好可以清楚說明大家的思考方式，以為我們需要一些不一樣的東西。要是一直被人提醒你是個殘障人士，時間一久，你就會覺得自己是殘障。有時候也有人問我，車禍之後是不是就不一樣了。我跟你說，沒什麼不一樣。我努力要確保它沒什麼不一樣。你要擺脫你的障礙，確保你有信心去決定自己的命運，而不是以為自己是殘障人士，就讓別人決定你的命運。

## Q 你想跟殘障人士說什麼話？

**菲利普．克雷文爵士**（帕拉林匹克運動會輪椅籃球運動員）**：**

你必須做自己，而且決定自己要過怎樣的生活。如果此刻的你感覺灰心喪志，你必須看看其他人在你的處境下做了些什麼。但你要意識到你會在別人的支持下改變自己的生活，而不是其他人會為了你來改變你的生活。你必須在心裡掌握資訊，知道哪些事情可能發生，而且必須下定決心去做，去得到這個資訊，如果有任何人擋路，就要不顧一切全力戰鬥。生活是一場鬥爭，是一場激烈的戰鬥，你必須將這些鬥爭帶進生活中。我們在社會上會碰上成文或不成文的規則，但生活本該是自由的。你的自由必須由自己去創造。

---

二〇一九年，我隨著我支持的慈善機構「戰地之中」訪問烏干達北部，那裡是接近南蘇丹邊界的社區，過去幾十年來飽受暴力衝突蹂躪。我們在那裡開辦一系列輔導計畫，幫助殘障人士解決不平等待遇。那裡的情況主要都是地雷造成。我們根據「論壇劇場」（forum theatre）技術舉辦互動式戲劇工作坊，發現歧視並非出於對殘障的偏見。事實上停戰之後，醫院紛紛設立，誤觸地雷的傷患存活下來，成為殘障人士，不再因為缺乏醫療資源而死亡。但是我們造訪的幾個社區根本不了解什麼叫作「殘障」，他們甚至沒有用特定的用語來討論這個問題。其實，就算只有簡短的對話交流，都能讓溝通工作有極大的進展。歧視有很多種不同的形式，如果我們不繼續溝通對話，就會有倒退的危險。

我在這一章開頭特別談到自己的種族經歷。其實只要稍微注意新聞報導，就會發現過去十年來右翼民粹和民族主義運動又在各地風起雲湧，使得種族歧視的老問題重新回到最前線。過去我們對此進行艱苦的抗爭，很不幸的是，未來好像也要繼續這麼做才行。

## Q 什麼是「種族」？

**戴斯特・狄謂斯**（國際人權律師）：

就生物學、科學或遺傳學的概念來說，種族（race）並不存在。其實我們是相對新的物種，只是遷移方式和行動軌跡不同的非洲移民。我們有共同的人性特質，這讓我覺得很安慰。但問題是，如果「種族」並不存在，而且實際上是由社會建構出來，是經過精心包裝下的迷思，為什麼會在地球上成為最重要的一股力量呢？原因就在於迷思所展現的功能。我們藉由彼此講故事來達成目的，在這個世界中創造意義，為行動提供資訊和辯護，進而組織成我們的社會，以及我們自己。

種族迷思大約是在五百多年前西班牙宗教裁判所的時代開始出現，當時西班牙人試圖把猶太人看作不同的物種，跟他們不一樣。但種族概念開始盛行，則是因為殖民主義，這是一個從根本上仰賴「種族」這門學問所產生的計畫，這個計畫把種族視為一種知識形式，用來證明剝削其他土地上的人、占用他們的土地與剝奪他們的資產是合理的。運用假科學觀點把那些人包裝成低劣人種，甚至不把他們看作是人類，遂行各種統治勾當。在「種族」這個橡皮圖章下，種族差異的概念幾乎總是與某種形式的剝削直接相關。種族的說法可謂花樣繁多。我總忘不了社會學家皮耶·布赫迪厄（Pierre Bourdieu）說的話：「沒有單一的種族主義，而是有多樣的種族主義。」這個概念對於了解當今世界正在發生的事情非常重要。

## Q 種族與身分有什麼關係？

**亞芙雅·赫希**（作家、演說家、紀錄片製作人）：

我們把種族身分視為理所當然，卻沒想過這完全不符合生物學或科學上的實際情況。種族概念也沒有基因上的根據。事實上同一個種族間的遺傳差異，甚至可能比不同種族間的遺傳差異還大。我們很容易追溯人類為什麼會採用種族觀點來看待自己的歷史。「種族」是一種構想，是為了在全世界剝削其他人民和土地而特別發明的意識形態，就像歐洲帝國主義擴張時期的做法。正如塔納哈希・科茨（Ta-Nehisi Coates）*所言：「種族不是奴隸制的孩子，奴隸制才是種族的孩子。」很清楚的是，殖民主義也不是只限於歐洲人，但歐洲殖民模式的意識形態基礎是建立在種族與種族分類上，這些工具用來證明非洲人退化到不再被視為人類的程度。這種社會建構種族觀念的方式一直都存在，而且有證據顯示，我們早就把它內化到運用種族觀點來建構自我認同。我們要繼續質疑為什麼社會會被種族化，以及質疑種族的意識形態內涵。

＊編注：美國知名作家，著有《在世界與我之間》、《美國夢的悲劇》。

## Q在你看來，是什麼事情導致殖民時代的種族隔離政策最終造成種族區隔？

**戴克拉克**（南非前總統、諾貝爾和平獎得主）：

人權的概念在人際互動上是相當新的現象。在歷史大部分的時間裡，甚至在非洲、美洲和亞洲的原住民之間，征服者或多或少可以按照自己的意願對待被征服的人民及土地。殖民強權怎麼對待被征服的人民，很少受到法律、道德或同情心的約束，尤其是在美洲。跟美洲、澳洲和許多亞洲地區相比，在南非定居的人與原住民之間，通常較少有剝削和壓迫的情況。大多數殖民強權有很多理由對原住民採取種族區隔措施：他們認為基督徒的身分賦予他們歧視異教徒的權利；殖民強權與被征服的人民之間的發展水準差距相當大；殖民者往往對於他們遇到的文化一無所知；殖民者的動機通常是想要奪取殖民地的土地和資源，而且他們有意讓殖民地的人處於隔離狀態，避免他們造反。但是在南非黑人大多數的歷史中，他們繼續在傳統部落領域生活，也繼續接受傳統權力者的統治（但這些權力都得到南非白人政府的許可）。

就南非來說，種族區隔的根源來自一個強烈的觀點：區域內各民族都應該獨立發展。從一九五〇年代後期開始，南非開始施行國內的去殖民化政策，最後發展成十個「家園」（homelands），每個家園都有各自的議會、政府、行政機關，通常也有自己的大學。幾乎有四成的南非黑人就住在這些家園之中，實際上，他們是由自己人治理，沒有任何種族歧視的問題。其中有六個家園達到完全自治，另外四個也完全獨立，獲得南非與其他家園的承認。儘管如此，南非大多數州的預算和經濟規模都比非洲一些獨立國家還大，但是因為保留給黑人的領土太小，而且太分散，這個政策最後失敗了。此外，由於經濟力量的吸引，愈來愈多黑人進入所謂的白人經濟區，但因為這項政策並未規定黑人在白人經濟區享有政治權利，在這些區域中白人也是少數，加上這項政策遭到絕大多數南非的非白人強烈反對，因此執行失敗。

# Q 讓種族隔離政策廢除的原因是什麼？

**戴克拉克**（南非前總統、諾貝爾和平獎得主）：

有很多因素讓種族隔離政策被廢除。首先，政府的政策明顯無法公正解決國家的問題；絕大多數南非的非白人民眾反對種族隔離政策，導致抗爭與鎮壓愈演愈烈；國際的孤立與制裁愈來愈多；有愈來愈多的南非黑人在經濟上愈來愈融入，在收入分配上發生重大變化；大多數阿非利卡人（Afrikaners）*進入中產階級，接受大學教育，也接觸到更多的國際觀點；到了一九八〇年代末期，軍事鎮壓或採用革命暴亂來解決問題的做法愈來愈不被接受；後來古巴部隊在談判後撤離納米比亞（Namibia），之後聯合國主導納米比亞成功獨立；一九八九年初南非總統波塔（P. W. Botha）中風後，南非國民黨（National Party）出現新一代領袖；白人企業和學術領導團體與非洲民族議會（ANC）的探索性對話產生正面影響，同時南非政府和曼德拉（Nelson Mandela）也展開非正式對話；最後是前蘇聯的瓦解和自由市場民主體制的勝利。

## Q 政府體制為什麼很少或不對種族主義做出回應？

**亞芙雅・赫希**（作家、演說家、紀錄片製作人）：

我們在這裡談到的都是對精英有利、根深柢固的結構性不平等。我們的社會需要採取深刻的變革來糾正這些不平等，而且專注在性別與性取向等身分的多元和包容策略，因為這些身分肯定都是結構性不平等的根源，但是當你從社會成果的分配來看，這些身分的不平等肯定沒有種族的不平等來得嚴重。現代企業的偽善可以從他們標榜某些價值觀看出來，實際上這些價值觀還是代表精英主義，而且權力和財富還是集中在少數人手裡，他們的血緣往往可以追溯到實際從殖民奴隸制受益的祖先。談論「多元」並不難，這是一個概括的論述，它允許你讓會議室裡看起來有不同的人，但不承認白人優先與種族歧視仍然繼續運作。我們總是可以找到行走在安全路徑的方法，即使

＊編注：只說南非語的白人後裔。

談到種族主義，我們也會把它歸類為「BAME議題」*，與真實的生活經歷完全相反。

## Q 媒體對種族的描述如何影響種族主義？

**喬治武井**（美國演員、作家兼社運人士）：

我是個演員，我很清楚媒體的力量、媒體的刻板印象，以及塑造一般人對一群人的看法的力量。珍珠港事件發生的時候，我們加州有一位檢察總長，他是了解法律和憲法的偉人。他是加州最高司法官，想要當州長。他認為當時加州要處理的最大問題是把日本人關起來，控制他們的行動。所以這位懂很多的人挺身而出，以檢察總長的身分發布驚人聲明，他說：「我們沒有收到日裔美國人從事間諜、破壞或第五縱隊活動（Fifth column activities）†的報告，這是不祥之兆。日本人高深莫測，所以在出事之前要先把他們關起來，才是聰明審慎的做法。」只要思考一下就知道，這位檢察總長是以「莫須有」的說詞當作證據。

身為加州拘留運動的領導人，他的權力變得非常大。他源源不絕的灌輸大家戰爭的恐懼，直到美國總統都受到影響。當時的羅斯福總統簽署行政命令，把我們送入鐵絲網隔離的集中營。這位檢察總長則競選州長獲勝，連任兩屆之後，又被任命為美國最高法院的首席大法官。你也許知道他的名字：鄂爾・華倫（Earl Warren），大家說他是自由派的美國首席大法官。我覺得他的是非道德觀念的確是自由派，不過對於加州檢察總長任期內的事，他從沒坦白承認錯誤，但是在他死後才公開的回憶錄卻寫道，他最大的遺憾是拘捕日裔美國人時他扮演的角色。可是在他生前卻沒有準備好說這些話。

---

納粹大屠殺是近代發生的歷史。當年親眼目睹六百多萬人因為宗教信仰而慘遭系統性滅絕的人，有些到現在都還活著。而在這樁醜惡暴行之後，我們也看到世界各地發生多次

---

* 譯注：BAME是Black、Asian和minority ethnic的縮寫，指黑人、亞裔及少數族群。

† 編注：指潛伏在內部，當作敵方內應的活動。

種族滅絕和屠殺暴行，主要是一些獨裁的領導人利用種族與文化區隔來進行分化與剝奪人性。在整個二十世紀中，我們一直聽到暴行的倖存者對世界告誡：「千萬不要再發生這種事」，我們有義務為了他們和自己傾聽這樣的看法。

# Q 奧許維茲集中營的經歷是否改變你的身分認同？

**依琵・克妮**（納粹大屠殺倖存者、作家）：

最初，在解放過後，每個人都感覺有倖存者的罪惡感。為什麼其他人都死了，只有我們活下來？我們現在應該做什麼，才能證明自己應當活下來？這是很多倖存者的看法，而且這會改變你對生活與行動的看法。你在這個基礎上評估事情，而且試著成為更好的人。你盡量不去傷害別人，不要造成別人的損失或貶低他人，因為你經歷過被貶抑的情況。

一開始那三年，我整個精神都崩潰了。當時如果不是因為丈夫善解人意，我想我是熬不過來。我已故的丈夫是第一次世界大戰的老兵，體驗過悲慘的壕溝戰。他理解我經歷過的創傷。後來我花了好幾年時間，才讓精神狀態得到某種平衡。我把這些回憶裝進潘多拉的盒子，扔進大海，丟掉鑰匙，我再也不想談起或想到這些事情，我的媽媽也曾進集中營，也不想提起這些事。我們永遠都不會跟對方說到這件事。你會假裝那段時間根本不存在。我在奧許維茲集中營的期間，無法將好與壞分開，所以那段時間消失了。後來有好幾年，我不會說德語，不過之前德語是我的主要語言。直到現在，從我二〇〇二年開始寫這本書之後，我才做出結論，該是放下我的經驗，讓大家看到這段經歷的時候了。

# Q分享與許維茲集中營的故事有什麼重要性？社會可以從你的經驗中學到什麼教訓？

**依琵・克妮**（納粹大屠殺倖存者、作家）：

讓大家意識到不能讓區隔你我的文化發展下去很重要。你看年輕人，無論是什麼膚色還是何種背景，他們都會一起玩。但是到某個時候，他們逐漸會開始發現有些人跟自己不一樣。我並不是說大家都要回到小時候的天真無邪，但是那種人人平等的感覺應該要持續下去，在這層皮膚之下其實大家都一樣。我覺得跟年輕人談論這點也很重要，讓他們意識到不把人當人看的文化最後可能會導致怎樣的結果。我花很多時間跟年輕人討論，因為我們不同，只會讓生活更有趣，也更有價值。如果大家都一樣，那就太無聊了。

令人警醒的是，過去五十年來僅僅因為性別而遭殺害的女性，比二十世紀所有戰爭死亡的男性還多。即使到今天，全球仍有超過三百萬名女性受到性交易的奴役，也有幾百萬人只是因為性別就面臨經濟、社會和文化上的不公平待遇。根據「羅馬規約」（Rome Statute）創立的國際刑事法院把「政府或實際上的執政當局所容忍或縱容的普遍暴行」也視為「危害人類罪」的一部分，而且我們開始看到女性正面對著一些違反這個界定的情況，這正是本世紀最嚴重的人權暴行之一。過去幾年來，我們看到社會存在一些系統性和制度性的性別歧視，最觸目驚心的一個例子是「#MeToo」運動揭露媒體內部的性虐待和性別歧視。蘿絲・麥高文在這場運動中一直是強而有力的聲音，我採訪她和其他幾位來賓，談談她們的經歷和為什麼現在討論這件事很重要。

# Q為什麼還需要討論性別歧視？

**蘿絲・麥高文**（美國女演員、平權人士）：

大家勇敢挺身而出這麼久，還要一次又一次的討論這些問題，應該都會覺得很丟臉吧。這樣的對話很不光彩，沒有人想要聽。不過現在仍應該討論。勇敢挺身而出並不是像去公園散個步，這一點也不有趣。成長很醜陋，有時候還會有成長痛。我們現在就到了這種時候。性別歧視一直都「被容忍」。我每天在媒體上受到瘋狂的性別歧視，我可以隨時推文，但只會被那些性別歧視者和惡意的訊息淹沒。因此很多人心裡想說：「我是個好人。」或「我是個好女人。」而我只想對他們說：還要變得更好。此外，我不是種族問題的專家，但我可以說，從十四歲以來我就聽過好幾起黑人遭到槍殺的事件，而且到現在什麼事也沒改變，我們還是一直在談論這個問題，卻沒有人被追究責任。我們生活在有人因為膚色而遭到暗殺的時代，因為種族不同而要感到恐懼的時代。我們應該拋開成見，透過其他種族的視角、作家和媒體來了解其他種族。我們要設身處地理解對方的感受，不要執迷於無知崇拜。

## Q 女性主義對你有何意義？

**勞拉・貝茨**（女性主義作家）：

每個人不分性別都應該受到平等的對待。簡單明瞭，這就是女性主義對我的意義。相信女性有權利跟男性一樣享有經濟、社會和政治的平等權利，就是女性主義的基礎。如果採用這個定義，希望很少人會說自己不支持女性主義。

我是因為經歷到不平等、性暴力和性騷擾才開始接觸到女性主義。二〇一二年我在相當短的時間有了這些經歷，促使我與其他女性和女孩談到她們是否也經歷過這些事。她們的回答讓我震驚，我以為只有一兩位女性會提到在生命中的某個時候有這樣的經歷，結果每個跟我對話的女性都提到這是每天發生在她們身上的經歷。這些女性告訴我過往發生的事情，或在工作場所的經歷，例如有男同事趁著午餐時間帶客戶去脫衣舞酒吧而錯失成交機會。她們告訴我在街上如何被跟蹤、被摸、被騷擾、被虐待，還有你想得到的任何情況。性別歧視的嚴重與普遍程度讓我十分震驚。這讓我了解到周遭的人很少意識到有這樣的情況。跟我交談的大多數女性都說，在我問到之前，她們從沒跟其他人說過，為什麼呢？因為她們認為這只是日常生活，不必大驚小怪。性別歧視是個重大的問題，每天都會影響女性的生活。

## Q 女性實際上面對性別歧視的情況有多嚴重？

**勞拉・貝茨**（女性主義作家）：

性別歧視是個非常巨大也非常嚴重的問題。我們收到世界各地十幾萬女性的證詞，發現其中有些主題反覆出現。

在英國的女性要是大聲反對性別不平等，常常會被告誡：「你不曉得自己有多幸運！看看其他地方的女性實際面對的情況！」但實際情況是這樣：英國每年有五萬四千名女性因為懷孕歧視而失業，八萬五千名女性被強暴，四十萬名女性遭遇性侵害。你要是以為英國女性沒有碰到這些嚴重的問題，那就錯了。女性碰到的問題既複雜又有關聯。我們看到女性在傳播媒體上遭到物化、在大街上遭到騷擾，我們看到在會議裡遭遇歧視的女性所接收到的用語與汙辱，與家暴的受害者接受到的用語相同。刻意抹除或容忍性別歧視和厭女症完全是錯的，尤其我們生活在一個女性遭受暴力、虐待與不平等待遇的社會。性別歧視不只是女性問題，更是人權問題。這不是要侮辱男性，也不是要把女性當作犧牲品，而是人人都該站出來拒絕偏見。

## Q 我們的文化為何總是把女性的價值貶低到只剩外貌呢？

**賈米拉・賈米爾**（英國女演員、主持人）：

我從來不認為女性的地位應該被貶低到只是性對象和懷孕的工具，但我們很少看到大家認為女性在取悅男性之外還有更多價值。這種看法至今仍然盛行實在讓我很驚訝，因為一九九〇年代曾經有一段時間讓我以為情況會有改變，女性正逐漸掌握權力，從原本被不公平的待遇中探頭出來。那是在紙片人模特兒出現之前的時代，我們看到羅琳．希爾（Lauryn Hill）、米西．艾略特（Missy Elliott）和其他很多女性的新故事。我們看到像蘇菲亞．柯波拉（Sofia Coppola）這樣的女性導演嶄露頭角，感覺那是真正的轉捩點，女性變得更為開放、大膽而多變。

在那之後，感覺劇情倒帶了；也許是因為我們進步太多，讓父權體制很不高興。如今在社群媒體的推波助瀾下，我們見識到對女性外表前所未有的猛烈攻擊。

## Q 社群媒體如何影響我們的自我形象？

**賈米拉．賈米爾**（英國女演員、主持人）：

統計資料顯示，現在青少年做整型手術、自殘和飲食障礙的發生率達到最高，這讓女性深受衝擊。在我小時候，你得要去外面才能找到一本《有毒雜誌》（*Toxic*

*Magazine*）*，或是要跟誰要到四英鎊才能買得到這類讀物。或者是要很努力的尋找，才能找到那些紙片人的宣傳。但是過去那些要自己去找的內容，現在都會自動出現在你面前。如今，由於有演算法，加上大家一致追求塑身、無缺點、使用濾鏡和所有瘋狂的東西，讓這些成為我們在床上打開手機看到的第一件事。尤其如果你是女性，你會受到女性形象的演算法襲擊，讓你感覺自己、自己的生活和容貌很糟。青少年就更是無法擺脫這一切。身為年輕女孩，如果妳想要加入社群媒體，妳會看到緊身束腹、控制食欲的藥物，和更多奇怪內容的瘋狂廣告，不管妳是否主動尋找它們。

在這種網紅文化當道的情況下，名人的言行舉止充滿毒性。九五%的名人絕口不提他們共謀對女性的攻擊，不會說自己使用軟體修飾照片，也不會承認自己有整型，只是一逕的談論外表，強化外表決定一切的論述。坦白說，我不在乎誰有整形，但是你有整型卻不承認，那就是性別犯罪。

* 編注：英國漫畫雜誌。

# Q你的生活經歷如何影響你去處理國際間女性與女孩的問題？

**梅琳達・蓋茲**（全球慈善家，微軟公司前總經理）：

推廣家庭計畫就是個例子。我們基金會開始四處活動的時候，我遇到很多女性反應說無法取得避孕藥物和裝置，因為她們在家裡或對未來沒有發言權。她們擁有的孩子多到養不起，而且因為太常懷孕而賠掉身體健康。她們的經歷讓我開始思考避孕對我的生活意味著什麼。其實這裡頭代表著一切。我的家庭、我的工作生涯和我的生活，都因為我可以避孕，也確實因為避孕而受益。我跟比爾是做好準備才生小孩。每個小孩都間隔三歲，因為這樣對我們的家庭最合適。如果你住在美國或歐洲，大概很容易把這些選擇視為理所當然，但是全世界有超過兩億的女性並不想懷孕，卻無法取得現代的避孕工具。我從沒想過自己會出來宣導避孕，也沒想過會公開談論自己的避孕經驗，但我無法拒絕那些前來求助的女性。

## Q 你為什麼認為全世界的女性都遭受許多不公平對待？

**蕾嫚・葛博維**（賴比瑞亞和平運動者、諾貝爾和平獎得主）：

因為我們這個世界就是這樣形成的，我們從來就沒有追求平等的動力。你要是追溯過去，像我們這種自稱是基督徒的人，就會把世界的罪孽歸咎於女性。夏娃是讓完美世界變不完美的人。要是你是讓世界從完美變成不完美的人，就會受到懲罰。整個父權思想和世界形成的基礎，從那時到現在都沒有平等可言。對於我們的處境，任何人都無能為力。我們能做的只是繼續宣導，至少在隧道盡頭可以看到一點亮光。

# Q 讓女孩受教育，在全球發展中可以產生什麼力量？

**梅琳達・蓋茲**（全球慈善家，微軟公司前總經理）：

我在我的書《提升的時刻》（*The Moment of Lift*）寫過一個印度貧民區十歲女孩索娜的故事。我的同事蓋瑞代表基金會在她的村莊坎普（Kanpur）工作。索娜直接去找他，送給他一份小禮物，然後跟他說：「我想要一個老師。」她一整天都跟著蓋瑞，不停的說著同樣四個字：「我想要一個老師。」於是他調查一下，知道她為什麼上不了學，最後是我們基金會的合作夥伴幫她重新回學校上課。我聽到這個故事，覺得索娜的勇氣真是讓我感動，她直接找上一位陌生人，請他幫助她回到學校。

教育就是力量，讓女孩受教育更是世界上最強大的力量之一。女孩子如果都能接受十二年高品質的教育，她們一生的收入可以增加高達三十兆美元，這比整個美國的經濟規模還大。我們也知道，女性的教育程度愈高，孩子也就愈健康。據聯合國估計，中低收入國家的女性如果都能讀完中學，這些國家的兒童死亡率會降低一半。所以我們知道有可能進步，因為我們已經看到了。在努力推動縮短兩性間的教育差距後，現在大多數國家的小學生男女人數幾乎一樣。不過在中學教育程度上還是有兩性差距，尤其是在撒哈拉以南的非洲和亞洲部分地區。

## Q 你對下一代女性和女孩有什麼話要說？

**蕾嫚．葛博維**（賴比瑞亞和平運動者、諾貝爾和平獎得主）**：**

絕對不要看不起卑微的出身。你可以在家門前的門廊跟那些小女孩開始聊天，也許十年後就會看到她們不斷努力去做出一些大事，或許她們在回顧自己的生活時會說：「我一開始只是坐在那個門廊，和那位女士交流五分鐘。」不管你來自何處、從哪裡開始，卑微的出身也能帶你成就大事。

**勞拉・貝茨**（女性主義作家）：

你並不孤單，有成千上萬的我們做你的後盾。我們正處於振奮人心而積極正面的時刻，擁有如此龐大的變革動能。比以往更多的年輕女性會挺身而出，互相幫助，一起站出來，展開美妙的革新運動。各位並不孤單，我們都站在歷史趨勢這一邊，當有人不高興要叫你閉嘴的時候，是因為他們害怕你的力量和潛能。前途當然很艱險，因為這是一場戰鬥，但這是一場我們要贏得勝利的戰鬥，現在投身其中的年輕女性如果日後回顧，會為自己取得的成就感到無比自豪。

## Q 你覺得很有希望嗎？要怎麼抱持希望？

**梅琳達・蓋茲**（全球慈善家，微軟公司前總經理）：

很有希望！我都說自己是個樂觀主義者，不過我已故的朋友漢斯・羅瑟林（Hans

Rosling）說的「可能主義者」（possibilist）也許更準確。他對「可能主義者」的定義是：「不盲目樂觀，也不盲目恐懼，一直不斷抵抗過於誇張的世界觀。」我猜你可能會說，「可能主義者」就是一位基於證據的樂觀主義者。最近二十年來，我去過全世界最貧窮的一些地方，深刻理解到那些地方的生活。要面對貧窮和疾病的現實並不容易，而且也不應該覺得很容易。見證他人生活與苦難很重要，感覺自己心碎也很重要。但是這些工作同樣也讓我見識到一些不平凡的人，他們奉獻自己的理念、資源，甚至是生命，致力於消滅貧窮和疾病，努力排除阻礙女性與女孩的障礙。他們每天都在做這樣的工作，因為他們相信進步是可能的。我也竭盡全力在支持他們，因為我也這樣認為。

**賈米拉．賈米爾**（英國女演員、主持人）：

我們要用公共衛生界對付菸草的方式，來應對媒體與社群媒體對女性的影響。我們遇到的狀況是，女性無法找到適度的生活方式；我看到朋友有的吃得太多、有的又吃得太少，而且心理上一直受到一些言詞影響。會羞辱人的文化是不健康的，既沒有生產力，又會耗費生命和剩下的人生。這似乎是父權體制轉移我們注意力的方法。想一想，這是一種同時讓我們分心、又掠奪我們的天才方法。我們如果天天花時間擔心外表，就不會想到工作、課業或心理健康。我們沒有進步，是不是因為父權體制覺得我們變得太過自信又過得太舒服？如果我們不再比男性早一小時準備，如果我們不再吃那麼少而且多睡點覺，是否會更有能量和力量、會更有自信來挑戰他們？看看他們怎麼對待希拉蕊，他們說她的笑容太少！女人為什麼要一直微笑？現在我們有什麼好笑的？我們控制生育的權利被剝奪了，我們幾百萬人被當作二等公民，我們陷於性別絕望之中。為什麼我們還要他媽的一直微笑？因為在那些男性眼中我們只能取悅他們。從我們懂事以來就一直聽到這件事。我們就是只能做個笑臉芭比！我們永遠當個笑臉芭比就好了！

---

寫這本書的時候，還有七十二個國家或地區認定同性戀是犯罪，可處數年監禁、無期徒刑，甚至死刑。你只要想一想就會知道，立法限定你不可以跟誰戀愛、結婚和發生性關

係是多麼武斷。在宣稱維護人權的世界裡，對待LGBT+族群的方式是最大的矛盾和不平等之一。為了深入了解這個現代最緊迫的問題，我也採訪這個領域最有名的兩位社運人士。

## Q 性向與身分有什麼關係？

**露絲・杭特**（英國慈善活動組織執行長、LGBT倡議者）：

過去十年來，了解自己是誰的身分概念變得愈來愈重要。大家也從一連串不同的標籤來明確認識自己的身分，這些標籤往往來自社群媒體或其他工具。但是，我們做的是將受保護的特徵作為敘述的一部分，而且開始把身分的關注焦點限縮到「我」，創造一種實際上無法給人改變空間的僵化。當我們查看性向與性別認同時，我們已經從你做過與性行為有關的事，轉移到你是誰。我身為女同性戀者的身分，不再只是由我與同性伴侶的關係來定義，而是包括其他文化、社會與社交上的身分因素。這算是好事，因為偏見往往來自過度關注LGBT成員的行為，而不是他們的身分。

# Q 迫害LGBT+族群與保障人權有什麼關係？

**彼得．塔契爾**（英國人權運動家）：

保障人權是不可分割的普世原則，對於地球上的每一個人都適用。如果你閱讀「聯合國世界人權宣言」第一條和第二條，就會很清楚看到每個人都有獲得平等待遇與不受歧視的權利，沒有如果、沒有但是、沒有例外，也沒有藉口。歷史上，甚至許多人權鬥士也不把LGBT+的權利看作是整體人權的一部分，但現在的新共識是根據人權普世原則，LGBT+族群也應當獲得跟其他人一樣的人權保障。要做到這一點，需要長期而艱鉅的努力。過去多年來就算是在聯合國人權理事會中，還是有絕大多數國家拒絕將LGBT+的權利視為人權議題。一直到科菲．安南（Kofi Amnan）擔任祕書長，聯合國才有領導人一直不斷為LGBT+的權利發聲。到二〇〇八年，聯合國大會才首次考慮LGBT+的權利，但儘管如此，在一百九十三個國家中，也只有六十七國加入聯合聲明，譴責對LGBT+族群的歧視與暴力行為。

## Q 你對未來是否充滿希望？

**彼得・塔契爾**（英國人權運動家）：

歷史的演進就像蛇和梯子，前進兩步，然後倒退一步。但儘管有這種波折，還是已經前進一步。有時就像在納粹主義盛行時看到的，我們可能倒退很多步，但是人類歷史的整體軌跡一直朝著人權獲得更大保障的方向邁進。我們這個世界雖然有缺陷，但大家的經濟和社會狀況，平均而言是愈來愈好。事情還沒達到應該要有的平等，但是跟五十年前相比，我們在平等的延伸擴展上取得長足的進步。

說到LGBT+的權利，平等權利議程的一大缺陷在於，它暗示我們只想要同化並融入占據主導地位的異性戀社會，這暗示我們LGBT+族群沒有提供什麼給社會，或是對社會有貢獻；這表明我們只想要適應現有的主流異性戀文化，我們接受占據主導地位的社會規範，而且不反對它們。有些人也許是這麼希望。但異性戀者可能可以從LGBT+的文化學到很多東西，例如一般男同志和雙性戀男性並不會反映出異性戀的男子氣概，我們已經發展出一種全新的男性表現方式。我不是說我們沒有男子氣概，而是說大多數男同志沒有歷史上與異性戀男性相同的大男人主義或不好的男子氣概。我們更關注自己的感受，也許這就是男同志和雙性戀男性有超高比例從事創意和看護工作的原因。相對的，女同志對於提升女性地位也做出超出比例的貢獻，在一個世紀前的女性投票運動和一九七〇年代女性爭取手工業培訓及從業權利的抗爭，女同志都發揮過舉足輕重的影響力。她們努力突破專屬男性的限制，為所有女性開闢職場的新機會，不論其性向或性別認同為何。從這幾個方面來說，LGBT+族群對社會也有積極貢獻，我們發展出的見解可以讓異性戀學習。

---

在這個世紀，網路上充斥霸凌和歧視，社群媒體更是為仇恨言論提供一個平台。二〇一六年英國進行脫歐公投就是一例，我在網路上一直收到對少數族群的誣衊和種族主義的雜音，他們認為圍繞著移民問題的辯論，實際上是公開容許他們誣衊有色人種。喜劇演員兼作家大衛．巴迪爾和作家麥特．海格（Matt Haig）都對我生動描述網路霸凌與社群媒體

的負面影響。

## Q我們在網路上表現出什麼樣的人性本質？

**大衛・巴迪爾**（英裔美國喜劇演員、作家）：

我們在網路上也會看到和實際世界一樣的行為，這實在很有趣，也讓人害怕。現在網路生活（無論好壞）已經構成我們現實生活的一大部分，所以網路的言論方式也融入現實生活。川普參選總統就是具體的例子。要不是有社群媒體，像川普這樣的人永遠當不了總統，而且這不只是他常常上推特的問題，川普的言論，那種傲慢、愚蠢、沒有同情心、激怒別人的網路言論，當它來自社群媒體時，就會增加一大群支持者。具備如此聲量的人很容易在社群媒體建立身分，不只是推特，包括Reddit、4Chan等許多社群網站都有這種激怒別人的網路言論存在。有些人會說這沒什麼關係，只是一陣網路騷動而已，跟現實世界無關。過去總以為「這只是社群媒體上的小泡沫」，但這並沒這麼簡單。對於那些推特之外根本不存在的東西，有些人也許是反應過度。但我認為，在推特上看到的憤怒和兩極分化導致現實生活出現血光，是絕對真實的事。

## Q 我們如何遏止社群媒體遭到濫用？

**大衛・巴迪爾**（英裔美國喜劇演員、作家）：

網路平台對於仇恨和謊言的態度非常含糊。它們的立場是，只要能夠放上網路的東西，都可以放在網路上。二十年前要是有人跟你或我說：「以後會有一個新科技讓大家分享一切，並了解彼此的生活。」我們大概會說：「哇！太神奇了！」我們會假設這會增加世界上的真理數量。結果剛好相反。它增加謊言的數量，因為我們不說真話，只說自己以為的真話、精心編造的真話和刻意宣揚的真話。

平台不喜歡排除成員和內容，一部分是因為它們的財務模式就是集合更多成員、吸引更多內容，還因為它們在技術上根本做不到這一點。以前反猶團體引用一句被誤認為伏爾泰說過的名言：「要知道誰統治你，只要找出你不能批評的人。」」之前在推特上出現過一隻手在壓迫人民的圖片，手背上有「大衛之星」的標誌。這成為網路上反對猶太人的代碼，現在他們往往在沒有圖片時使用這個引言，顯然演算法也沒有發現。我們要知道，這不只是發怒和辱罵而激怒別人的網路言論，而是一種暴民心理，自以為站在正義的一方。直接在推特上說「滾開！我討厭你」的人，比那些自以為站在正義與真理一方的人要單純得多。這世界最可怕的事，幾乎都是那些自以為跟天使站在同一邊的人做出的事。

## Q 新聞和社群媒體的不停轟炸，對心理健康有什麼影響？

**麥特・海格**（英國暢銷作家）：

恐懼是一種非常、非常強烈的情緒。人類身為一個物種，在演化上為了生存的原因而經歷到恐懼，但我認為恐懼是以過於偏激的方式被使用。顯然恐怖分子就以過於偏激的方式使用恐懼，製造恐怖活動背後的整個構想，就是讓你感到恐懼。不過還有各種方式可以運用。我們現在就被很多會讓我們焦慮的東西所包圍。

行銷人員使用「FUD」來代表恐懼（Fear）、不確定（Uncertainty）和懷疑（Doubt）。抗老產品讓我們擔心變老、保險商品召喚憂慮，政客讓我們感到焦慮，種種行銷手段都是在讓我們感到懷疑、憂慮和恐懼。恐懼是一種強烈的情緒，也非常容易受到操弄。新聞媒體不停轟炸也是在利用這一點。一發生可怕的事情時，我們都用不同以往的方式在體驗，也就是即時體驗。過去我們每天只看兩次新聞報導，現在我們幾乎都以一種從未體驗過的方式來體驗這個現象。這只會更加影響我們的心理，甚至可能造成破壞性的政治行為或心理疾病。

---

藉由「戰地之中」的慈善活動，我拜訪在世界各地面對壓迫、邊緣化和歧視的改革人士。在所有案例中我們幾乎都會看到，積極的公民行動和街頭抗爭才是推動改革最有效的兩種方法。社群媒體無疑會放大社會的流弊，但科技也以強力的方式動員群眾推展運動，

不只讓活動團體進行組織和交流，也讓全世界都能看到他們的訊息。例如在二〇〇〇年時，要說阿拉伯抗爭民眾會集結起來挑戰或推翻專制領導人，完全是異想天開，但是到了二〇一〇年代，隨著「阿拉伯之春」運動開始，事情發生了。

## Q 社會為何需要公民行動？

**考夫曼**（美國社運人士及記者）**：**

公民積極主義（Citizen activism）一直發揮矯正政府的作用，尤其是對只代表少數權貴、而非絕大多數民意的政府。歷史一次又一次向我們展示，既有體制如果反應遲鈍，或是妨礙人民應有的權利，公民積極主義就是民眾爭取權益、保護權益的好方法。

## Q 藝術在政治與社會對話中可以發揮什麼作用？

**艾未未**（中國當代藝術家及社運人士）：

今天，「藝術」有更廣泛的定義。藝術可以是由形式、光線、色彩或線條等元素構成，也可以是一種設計、態度表達或概念陳述。如果理解這一點，那麼藝術就深植於人類的各種活動之中。藝術家有時也沒注意到藝術其實廣泛存在。博物館、藝術學院常常受限於過去，咀嚼祖父母流傳下來美學殘餘。這些舊習很難消除，我們還是會看到一些過時的見解陳列在美術館或博物館的牆壁上。

## Q 你在哪裡找到抗爭的勇氣？

**加德・薩德**（演化行爲學家）：

我的個性無法忍受有人胡扯、扭曲真實和不回應。要是有人說謊，我就會覺得受到「冒犯」，這不是什麼受害者文化的展現。我看到真理受到無休止的攻擊時，心裡感覺很難過和受傷，這對我個人行為的影響，遠比對職涯抱負的影響還大。我只會是殉道者嗎？不會。在晚上睡覺前，我需要感受到我沒有因為膽小怯懦就不做該做的事，這樣才能安心睡覺。我認為自己的所作所為無愧於心，這樣我才睡得著。這個檢視自我的標準要設得夠高，才不會因為自己的自私目標而去捍衛真相。你看，世界上所有帶來深遠變化的人，都要先超越自我，對吧？偉人都是能克服困難的人。你不必成為出名的教授，也可以做出很好的行為。當你夜晚躺在枕頭上，可以對自己說「我已經做了所有該做的事」。除非我們可以對每個人培養出這種嚴格的個人準則，否則他們就會把責任推卸給少數人，那麼就會輸掉這場思想戰爭。

## Q你對下一代的公民行動者有什麼建議？

**艾未未**（中國當代藝術家及社運人士）：

我沒有建議，因為我的經驗只限於我的時代。時代是會改變的，下個世代要面對完全不同的考驗。不過他們應該要了解，如果沒有深刻的抗爭，所謂的「自由」只是一句空話，你的人生只剩下空虛。

**考夫曼**（美國社運人士及記者）：

擁有智慧，抗爭才會奏效。你如果想要發揮影響力，就要使用更強大的工具來促進公民參與，尤其是狀況不利的時候。在非暴力行動的工具箱中有許多工具可以運用，包括集會、演講、封鎖道路、靜坐和其他干擾做法。面對嚴峻威脅的緊迫時刻，我們必須檢視整個工具箱，並使用手上可以運用的所有方法來做出必要的改變。

「歧視」這個詞很有趣。從字面上來說，它是指區分、觀察或標記差異的行為。這些事情似乎無害，但其實「歧視」已經成為現代社會殺傷力最大的武器之一。

「種族」是將大家區隔開來最常見的分界線，但正如英國皇家大律師戴斯特．狄諤斯跟我說的，這是在科學和生物學都不存在的概念。根據研究指出，我們事實上只是有著不同遷移軌跡的非洲移民。我可能被「認定」為印度人，但若透過DNA排序檢測，我知道我的母系祖先可以追溯到Haplogroup L、父系是Haplogroup A。所以我大概就是二十萬年前兩個東非人的子孫，你、我和大家也都一樣，只是我們失散已久。這其實是我們存在的美麗真相，卻因為精心編造的種族迷思讓我們分裂或組織起來，有時還被利用。藉由塑造種族，我們否定共有的人性，而且讓我們更加貧窮。然而「種族」還不是唯一的分界線，包括性別、性向、能力、收入、政治傾向、宗教、社會地位或階級，還有各種任意貼在身上的標籤，都讓我們發現自己受到分裂及被征服。

一直到連續遭遇兩次世界大戰的浩劫（更不用說之前的衝突），我們才擬定世界人權宣言，而且正如彼得・塔契爾所言，這些權利普世不可分割，適用於地球上的每一個人。人權宣言最重要的第一條和第二條即指出，所有人不僅生而自由，也該享有平等的尊嚴與權利，必須平等對待彼此且不受歧視。這些原則不容退讓、沒有前提、沒有例外，也沒有任何藉口可以剝奪。但是我們在人類社會中還是看到有些同胞遭到歧視與邊緣化，他們蒙受苦難、生命損失和經濟困境，雖然那些權利都明文記載，卻還沒真正落實在我們成長和生活的社會中。

消除歧視不是社會或文化問題，而是正義的問題。工業時代之前的幼兒期不該再延長下去。我們現在是科技、社會與文化複雜的物種，有能力也有武器可以導致自己滅絕。考慮到這一點就會知道，彼此合作與促成和平對所有人都是最好的決定。雖然德國社會學家兼哲學家阿多諾（Theodor Adorno）曾指出：「從長矛進化到電子導彈，可以看出人類進步之大，雖然這顯示出我們變得更聰明，卻沒有增加智慧。」要達成真正的平等，必須從整體上詮釋和應用「正義」的概念，畢竟，社會的基本原則是：比起每個人努力自己過生活，社會合作會為所有人帶來更好的生活。

工業時代也許可以看作是人類青春期，現在社會肯定已經長大，透過創造力、創新、科技和智慧獲得力量，這為我們（大部分集中在西方國家）提供前所未有的經濟機會和財富。也讓社會變得更「聰明」，但我們現在看到，巨大的不公正讓我們處於危急狀態，我們有必要了解我們都在這個處境。就像作家兼哲學家安·蘭德（Ayn Rand）提到，社會是「把所有人從部分人的控制下解放出來的過程」。這個看法也呼應蘿絲·麥高文的觀點，她說我們應該拋開我們學到的知識，透過別人的眼光看待世界，而不是執迷於無知的邪教和同溫層。就像華特·克隆凱（Walter Cronkite）的觀察，請容許我以這段話當成結論：「沒有一點點的自由這種事，你不是擁有完全的自由，就是沒有自由。」

# 訪談者簡介

◆ **哈利・史密斯（Harry Leslie Smith，一九二三年－二〇一八年）**：英國作家兼政論家，第二次世界大戰期間曾在英國皇家空軍服役。

◆ **約翰・柏德（Lord John Bird）**：大英帝國五級授勳（MBE）、社會企業家，擁有貴族頭銜。他是《大誌》雜誌（*The Big Issue*）聯合創辦人，也是街頭報紙《國際網路》（*International Network of Street Papers*）的創辦人。

◆ **菲利普・克雷文爵士（Sir Philip Craven）**：大英帝國五級授勳（MBE）、帕拉林匹克運動會輪椅籃球運動員，在二〇〇一至二〇一七年間擔任國際帕拉林匹克委員會主席。

◆ **戴斯特・狄謌斯（Dexter Dias QC）**：英國女王御用律師（Queen's Counsel），屢獲殊榮的國際人權律師，也是作家。最近幾年來他接過不少涉及言論自由、謀殺、危害人類罪、恐怖主義、女性割禮與種族滅絕等知名的重大案件。

◈ **亞芙雅・赫希（Afua Hirsch）**：作家、演說家、紀錄片製作人，以前曾擔任出庭律師。目前是洛杉磯南加州大學新聞系華里絲・安娜貝格（Wallis Annenberg）講座教授。

◈ **弗雷德里克・戴克拉克（Frederik Willem de Klerk）**：南非政治家，曾擔任南非總統。南非在他執政任內解除種族隔離制度，實行全民普選，因此與曼德拉（Nelson Rolihlahla Mandela）一起獲得諾貝爾和平獎。

◈ **喬治武井（George Takei）**：美國演員、作家兼社運人士，以科幻影集《星艦迷航》飾演的角色而知名，並且積極提倡維護人權。

◈ **依琵・克妮（Iby Knill）**：獲頒大英帝國獎章（BEM）、作家及納粹大屠殺倖存者，她寫了一本描述親身經歷的書《沒有編號的女人》（*The Woman Without a Number*）。

◈ **蘿絲・麥高文（Rose McGowan）**：美國女演員、社運人士，《紐約時報》暢銷書作家，《時代》雜誌評選爲二〇一七年度人物。

◈ **勞拉・貝茨（Laura Bates）**：女性主義作家，在二〇一二年設性別歧視主題網站Everyday Sexism Project，收到八萬多名女性網友在日常經歷的性別不平等。

◈ **賈米拉・賈米爾（Jameela Jamil）**：英國女演員、主持人、模特兒、作家及社運人士，最近在麥克・舒爾（Mike Schur）的國家廣播公司影集《良善之地》（*The Good Place*）與泰德・丹森（Ted Danson）及克利斯汀・貝爾（Kristen Bell）一起演出。

◈ **梅琳達・蓋茲（Melinda Gates）**：美國慈善家，微軟公司前總經理，比爾與梅琳達・蓋茲基金會聯合創辦人，這個基金會是全世界最大的私人慈善組織之一。

◈ **蕾嫚・葛博維（Leymah Gbowee）**：賴比瑞亞和平運動者，「賴比瑞亞女性和平大行動」的領導人，這是倡導非暴力的和平組織，幫助賴比瑞亞在二〇〇三年結束第二次內戰。她在二〇一一年獲得諾貝爾和平獎。

◈ **露絲・杭特女爵（Baroness Ruth Hunt）**：石牆組織（Stonewall）前執行長，石牆是英國最大慈善活動組織，以提升同性戀、雙性戀及跨性別等身分的平等爲主旨。她是上議院的無黨派人士，也是「行動與言語」（Deeds and Words）組織的聯合領導人。

◈ **彼得・塔契爾（Peter Tatchell）**：英國的人權運動者，從事LGBT+及其他人權運動超過五十年，現爲彼得・塔契爾基金會董事長。

◈ **大衛・巴迪爾（David Baddiel）**：英裔的美國喜劇演員、作家、編劇兼電視節目主持人。

◈ **麥特・海格（Matt Haig）**：英國作家，回憶錄《活著的理由》（*Reasons to Stay Alive*）在英國暢銷排行榜連續四十六週排在前十名內。他曾獲得許多獎項鼓勵，並三度獲得卡內基獎提名。

◈ **考夫曼（L. A. Kaufman）**：美國社運人士及記者，其報導主要針對抗爭活動的歷史和影響，包括民權運動及二〇一七年的女性大遊行。

◈ **加德・薩德博士（Dr Gad Saad）**：大學教授、演化行爲學家、YouTube 頻道《薩德說眞話》（The SAAD Trath）的主持人。

◈ **艾未未**：中國當代藝術家及社運人士，其藝術與行動多次獲得榮譽肯定，包括二〇一五年國際特赦組織的良心大使獎。

# 第六章

# 衝突

## 戰爭、和平與正義

解決或調解衝突的機制，通常要等到戰爭爆發或已經到勢不可擋的地步才開始發揮作用，我想這就是有這麼多衝突的可悲之處。

——愛爾蘭前總理伯蒂．埃亨（Bertie Ahern）

二〇一九年，我和國際慈善機構「戰地之中」一起在烏干達北部工作。這片土地富含鐵質而泛紅，也許是在提醒我們，這裡見證幾十年來機械化部隊的武裝衝突，從一九七一年伊迪·阿敏（Idi Amin Dada）*的軍事政變，一九八一年爆發反抗奧博特（Obote）†政府的內戰，之後科尼（Kony）‡和幾個軍閥率領的聖主反抗軍（Lord's Resistance Army）又跟烏干達政府軍打了二十幾年。最後這場衝突蹂躪了烏干達北部、蘇丹南部和剛果東部，讓這一大片地區成為全世界最危險的地方之一。有成千上萬的民眾遭受永久創傷和肢體傷殘，一百五十幾萬人被迫離開家園，二十幾年來只能困在骯髒的難民營。這場戰爭雖然造成全國原住民社區的破壞，卻未引發國際社會的關注，因為鄰近的幾個國家和地區，包括達佛（Darfur）、盧安達、剛果、索馬利亞和蘇丹西部也都危機頻傳。現在烏干達恢復和平的時間還不長，我們的慈善機構在十多年前才首次入駐當地，面對的現實環境是遭到戰爭嚴重破壞的農村社區，農民耕種時還會挖到地雷。

我在古魯（Gulu）和基特古姆（Kitgum）等地方的社區進行訪談，發現這裡有好幾代人已經把戰爭當作生活日常。現在烏干達已經恢復和平，大家已經聽夠槍聲了，希望可以開始向前邁進，創造不同的新故事。我們在哥倫比亞、委內瑞拉、巴勒斯坦、剛果民主共和國、肯亞、蘇丹、敘利亞、南非、巴西和許多地方也都看到相同的現實，那些令人筋疲力盡的衝突，漸漸被大眾期待重建與進步的需求、以及伴隨著對正義的渴望所取代。其實根據歷史顯示，從人類開始有紀錄以來的三千五百年中，全世界只有兩百七十年保持和平。所以有些人可能主張暴力衝突其實是人性本質，欠缺衝突反而不正常。不過在我們的社會中，衝突和戰爭到底帶來什麼現實，而我們有沒有機會看到世界和平呢？

我在這一章訪談的對象，是一些在衝突之後重新塑造社會的大人物，有些人甚至親身經歷那些衝突磨難。包括希林・伊巴迪（Shirin Ebadi）博士、芬蘭前總統馬帝・阿提薩里（Martti Ahtisaari）和波蘭前總統萊赫・華勒沙（Lech Wałęsa），以及茱蒂・威廉斯（Jody Williams）教授，他們都因致力於以和平談判來消弭衝突或終止大規模殺傷性武器等重大

* 編注：烏干達軍官，於一九七一年至一九七九年擔任烏干達第三任總統。

† 編注：米爾頓・奧博特（Milton Obote），於一九六六年至一九七一年及一九八〇至一九八五年期間兩度出任烏干達總統。一九七一年，他被伊迪・阿敏將軍推翻，一九八〇年他重新掌權，但於一九八五年再次被推翻。

‡ 編注：約瑟夫・科尼（Joseph Kony），烏干達游擊隊聖主反抗軍的領導人。

貢獻，獲得諾貝爾和平獎肯定。我也採訪聯合國人權事務高級專員兼聯合國安理會主席查伊拉德·胡賽因（Zeid Ra'ad Al Hussein）。此外，我還找到當年紐倫堡大審中、最後一位還在人世的檢察官班·費倫茨（Ben Ferencz）進行對談，並與戰爭難民古爾瓦力·帕薩雷（Gulwali Passarlay）談到現代戰爭對社區的影響。

## Q 社會為什麼出現戰爭和衝突？

**希林·伊巴迪**（伊朗第一位獲頒諾貝爾和平獎的女性人權律師）：

戰爭一直是人類最有利可圖的活動，我們看過很多經濟危機都是透過戰爭來解決。很多人失去生命，結果反而讓有錢人變得更有錢。

**馬帝・阿提薩里**（芬蘭前總統、聯合國外交官、諾貝爾和平獎得主）：

在思考這個問題的時候，我想到我們國家（指芬蘭）為什麼沒有這種衝突。我們的和平已經延續超過七十年，這麼多年來一直平靜的生活。大家都覺得政府機關和公務員在為他們工作，民眾與政府機構彼此信任，許多機關都獲得八成以上的支持率。但在這世界有許多不同的地方，讓我們見識到一種原始而無法控制的權力欲，在這種狀況下，人會製造戰爭和衝突。如果面對嚴重的不平等，暴力很容易就會成為唯一的出口。有很多統計數據可以證明，維持公平而公正的社會，就會減少暴力的狀況。

**萊赫・華勒沙**（波蘭民主化後第一位民選總統、諾貝爾和平獎得主）：

衝突經常存在於開發不足的地區，因為基本需求無法滿足會產生許多問題，這些發展落差容易導致衝突。過去人類會爭奪土地，壯大自己的國家，我稱之為「土地時代」。在現代的文明中，我們花在知識上的錢比食物和衣服多，與其他國家的交流也轉變為商業交流。現在外國人對消滅我們不感興趣，反而想要讓我們多多購買他們的商品、汽車和電腦等等。如果各國的開發程度逐漸拉近，就會大幅降低衝突的風險。

## 伯蒂・埃亨（愛爾蘭前總理）：

武裝衝突對世界的運作來說是一種詛咒，那些無法依靠談判解決，或是沒人進行調解、仲裁或對話的問題，最後就會落到這個結果。我們經常看到因為政府或人民害怕改變立場所造成的衝突，而這些立場是出於歷史差異或不良政策。有些拖延最久的殘酷武裝衝突，也是因為政府與其他國家或私人企業簽約瓜分礦產資源，卻忽略地方民眾的參與和利益，才引發衝突，例如尼日河三角洲的衝突就是典型的例子。不幸的是，解決或調解衝突的機制，通常要等到戰爭爆發或者已經到了勢不可為的地步才開始發揮作用，我想這就是衝突這麼多的可悲原因。

## Q 和平破裂的原因是什麼？

**查伊拉德・胡賽因**（美國法律與人權教授、曾任聯合國安理會主席）：

現在的武裝衝突幾乎都是從嚴重侵犯人權開始。你現在想得到的衝突，有多少只是邊界紛爭，而跟任何鎮壓迫害或侵害人權完全無關的呢？我一個也想不到。所有衝突都來自對基本人權與自由的否定，以及隨之而來的殘酷剝奪。經濟學家可以用委婉中性的用語來研究，決定哪些該消除、哪些可以保留，就像在討論殺菌和防腐，讓你不會感到懷疑。然而那些排斥與否定其實大多來自蓄意的種族歧視、沙文主義政策、偏執和其他難以偽善掩飾的原因。我們的政策和經濟學既然要談包容，就要正視社會上有些人還是被排除在勞動市場之外，並且被警告：「你們不能做這個工作。」

大家總以為遭到排斥的勞工是因為技術或投資方式的改變，導致有些人失去就業機會，所以我們要想辦法讓他們重新就業。其實在很多國家和地區被排擠的人根本從來沒有受到雇用，他們總是被排除在外。還有移民、逃離戰禍與氣候變遷的人，以及受到財政緊縮政策影響的人也是如此。你如果去查看哪個地方的疾病醫療負擔最嚴重，也會看到一樣的狀況。人權無法獲得應有的重視。精英階級的利益主導著經濟、國家結構和安全，並以其他人的利益為代價來保護他們的利益。

## Q暴力與衝突是人性的一部分嗎？

**希林・伊巴迪**（伊朗第一位獲頒諾貝爾和平獎的女性人權律師）：

暴力和戰爭，跟侵略和嫉妒一樣，都是人類固有的特質。但是我們可以透過教育和訓練，來控制和預防這些人類與生俱來的感知能力。不過遺憾的是，現在學校教的歷史不譴責戰爭，反而常常歌頌戰爭。我覺得如果真的想要改變現狀，就要先調整授課內容，這點很重要。

**馬帝・阿提薩里**（芬蘭前總統、聯合國外交官、諾貝爾和平獎得主）：

如果這不是人性本質，就不會有這些衝突。當然，衝突是出自各種現實的因素。或許有些人是因為氣候變遷或遭受侵略強占而失去土地或水資源。我認為這些未必是他們揭竿而起的正當理由，但可以說明為什麼會發生這些狀況。

---

馬帝・阿提薩里認為戰爭是人性本質的看法似乎有些爭議，畢竟大家都覺得自己是個「好人」吧。但別忘了，真正把這個社會聯繫在一起的紐帶是多麼複雜又脆弱。我們和其他動物一樣容易發生衝突，需要社會的聯繫、以及以此為基礎的文化，才能控制原始的本能。我們要讓社會保持和平就不能忽視這些基本人性，也不該膽小怯懦到不敢承認：暴力衝突很少具備正當的理由。

# Q戰爭和衝突有正當理由嗎？

**茱蒂・威廉斯**（《富比世》雜誌全球百大最有影響力女性）：

我經常爭辯這個問題。我們現在最重要的爭論，是對敘利亞在內戰中使用化學武器而採取可能的軍事行動。這有正當性嗎？還是美國把自己逼到牆角，說有一條不能越過的紅線，現在既然已經越過了，他們已經別無選擇？如果我們看看美國在中東和北非的軍事行動：轟炸利比亞、無人機攻擊葉門和索馬利亞、進攻伊拉克、參與兩伊戰爭等等，我很難想像來自那些地方、或與那些地方有關的人會不認為美國是毫無道德立場的侵略者。我想所謂的正當的戰爭，一直以來就只有第二次世界大戰吧。但是在那之後有沒有正當的戰爭呢？我不太確定。

**希林・伊巴迪**（伊朗第一位獲頒諾貝爾和平獎的女性人權律師）：

我這輩子從沒想過要為戰爭的正當性辯解，因為戰爭只會滋生暴力。回顧過去二十年來，不管在哪裡發生戰爭，之後那裡絕對不會和平安寧。比方說，看看伊拉克、利比亞和阿富汗的狀況。

**馬帝・阿提薩里**（芬蘭前總統、聯合國外交官、諾貝爾和平獎得主）：

如果是抵抗侵略，那可以說是正當的。我是一個永遠流離失所的人，幸運的是我還能留在自己的國家。我兩歲的時候，蘇聯入侵芬蘭，我們失去一一％的國土，幸虧沒有全部淪陷。從卡亞洛赫亞（Karjalohja）逃出來的四十萬人裡，包括我的家人和親戚，都在芬蘭其他地方重新安置。我認為這是我們的權利。我們周遭有很多國家決定採取其他反應，但我為我們的抵抗感到自豪。一九一八年，芬蘭才剛獨立建國，內戰就爆發了。這是我們自己人打自己人。這場戰爭可能反映出我們和俄羅斯的衝突，但是國內也的確有太多怨懟和不滿。農民沒有土地，貧富不均非常嚴重。不過，我們已經走出困境，並且成為相互包容的社會，大家都有機會參與政治運作。在十年之內，落敗的一方也能進入政府體制。雖然推動平等政策的是社會民主黨，但長久下來，每個政黨都接受了。整個社會都認為，讓每個孩子都有公平的機會才是對的，要讓每個孩子從出生前到出生後都享有良好的醫療保健，不管他們住在什麼地方都能接受完整的教育。出生在貧困的家庭並不是孩子的選擇，所以不管他們出生在哪裡，都應該擁有相同的權利。

**萊赫・華勒沙**（波蘭民主化後第一位民選總統、諾貝爾和平獎得主）：

暴力當然是個錯誤的選擇，我一直在尋找和平的方法。但是我也知道，這個世界存在某些狀況，你要活命就得殺死對方。我們對此都有責任，因為我們應該創造出安全的環境，讓那些人不必做出艱難的選擇。

# Q 全球秩序是否很脆弱？

**查伊拉德・胡賽因**（美國法律與人權教授、曾任聯合國安理會主席）：

歷經第一次世界大戰、第二次世界大戰和西班牙流感爆發，總共造成一、兩億人死亡，才讓我們學會像個理性人來思考，不再只是因為短視和自私自利而犧牲大眾。不過這一切的進步非常緩慢。為什麼那些不需要證明的事情（像是平等、不歧視、反對種族主義）要花那麼長時間才能成為普遍準則，而社會上還有那麼多人頑固堅持原始的思考方式呢？為什麼我們不能從歷史中學到更深刻的教訓呢？我非常敬佩的作家塞西爾・路易斯（Cecil Lewis）在一九三六年出書描述他在第一次世界大戰的經歷，談到男人實在笨到無以復加。他沒提到女人，但從根本上來說男人很愚蠢。總之，和平確實非常脆弱。

# Q 衝突與戰爭的主要原因是什麼？

**茱蒂・威廉斯**（《富比世》雜誌全球百大最有影響力女性）：

不同的衝突可能出自不同的經濟、政治或其他社會因素，也可能是綜合上述種種原因。種族和宗教經常成為煽動民眾支持或參與戰爭的工具，但我認為宗教不是戰爭的起因。戰爭幾乎都和金錢和權力有關。召喚群眾參與戰爭的工具，也許是種族、宗教或任何可以區分敵我的差異，讓對方看起來「不一樣」、「次等」，所以讓對方在戰爭中死去是理所當然。另外，氣候變遷的影響也確實造成人口流動、引發衝突。如果我們看蘇丹和達佛地區的局勢，有部分原因就是因為沙漠化造成游牧民族遠離過去的放牧區，逐漸侵入定居人口的居住地。經濟也是重要因素。歐洲許多大規模示威活動都和經濟停滯與崩潰有關，那種狀況肯定會播下暴力衝突的種子。

# Q要如何開始建立和平與和解？

**馬帝・阿提薩里**（芬蘭前總統、聯合國外交官、諾貝爾和平獎得主）：

衝突都會留下痕跡，不管是源自內部激盪或外部勢力的干擾。在很多狀況下，要啟動和解顯然非常困難。這種例子很多，以我的國家來說，一向都是贏家全拿，幸虧有包容性政策的出現，感謝上帝讓我們做得很好。不過，還是有人會想到自己家裡發生過的事情，不像我們在南非所看到的寬恕。波士尼亞與赫塞哥維納也是這樣的例子，那裡有三種不同的歷史脈絡：克羅埃西亞、塞爾維亞和波士尼亞。就算你選擇原諒，仍會留下苦澀的滋味，因為暴行一旦犯下就再也無法抹去。

作為和平調解人，在許多情況下我能做的就是改變社會的行為，讓大家確實記取教訓，讓過去的事情不再發生。請別以為我可以糾正社會中所有不道德的行為，這是不可能的，因為通常敵對的雙方都有犯錯。比方說，現在的北愛爾蘭大致上維持著和平，但是他們還沒走完和解的過程。一旦爆發衝突，大家最好要有心理準備，可能要花很長的時間才能解決戰亂帶來的各種問題。和解的第一步是盡可能簡化過程。如果你以為自己可以解決過去的所有暴行，那這些事情一開始就不會發生。我們要看向未來。也許不能讓每個人都感到滿意，而且有時候追求和平會讓事情變得更複雜。大家都以為簽署停火協定之前，一切都要先達成協議。我在緬甸聽過元老會（The Elders）的葛羅．布魯特蘭（Gro Harlem Brundtland）跟美國前總統卡特（Jimmy Carter）如此討論。但是，往往都是先有和平，社會上各種不滿的聲音才能開始互相對話，而且也不可能全部都解決。

當我獲得諾貝爾和平獎時，我說我們可以解決全世界所有的衝突和問題。但是我不明白為什麼賽普勒斯和喀什米爾的狀況還會發生。我記得以前在科索沃談判的時候，有人問我急什麼，畢竟還沒解決的衝突那麼多。我告訴他，不要勸我或任何人繼續忍受這個世界的衝突和僵局，因為這對國際社會來說都是恥辱。

**伯蒂・埃亨**（愛爾蘭前總理）：

建立和平是一項艱鉅的任務，有時候時機非常重要。戰爭和暴力雖然經常是難以避免的，那些好戰分子，不管是來自叛亂團體、民軍組織或政府官方，都不想對話，甚至要花很長的時間才會想和談。一定要打到民不聊生、大家都厭倦衝突，或是有遠見的人物伸出友誼之手，才會到達和談階段。那就是我在建立和平時所期盼的一線希望。我希望交戰各方都同意現狀不能再繼續下去，就各方利益來說，最好能達成某種形式的協議。如果大家不認為應該改變現狀，也不願繼續前進，那麼衝突就永無休止，你再怎麼樣都無能為力。

# Q 如何創造穩定的和平？

**查伊拉德．胡賽因**（美國法律與人權教授、曾任聯合國安理會主席）：

如果我問你有什麼演算法可以建立和平，你一定回答不出來，因為根本沒有這種演算法。我們為建立和平努力了七十年，還是找不出方法，這是和平事業的大失敗。當伊拉克發生戰爭時，我們想要努力解決問題。我們去那裡訓練官員、投入資金重建基礎設施、行政設施，但是我們從來沒想過要怎麼處理歷史敘事、歷史記憶和身分等問題。他們是什麼樣的人？他們如何看待自己？為什麼他們看到共同的經歷，卻產生不同的看法？如果伊拉克、波士尼亞和其他許多國家都處於這種情況，這是否顯示出一種我們完全無法彌補的漏洞？

如今，環顧世界各地，你會看到處處充滿熱情，許多代表種族主義與殖民經驗的雕像都被拆掉。雖然已經過去很久了，但那種遭到壓抑而累積的沮喪低迷並沒有解決。你看我們這個社會多麼愚笨，在最需要認真對話的時候卻把頭埋進沙裡。在我們的歷史中，那些可能傳遞矛盾訊號的敘事都沒有好好被處理，如果知道它們會造成社會分裂，就不該忽略無視，必須加以處理。當談到如何處理和平的問題時，我們的目光實在非常短淺。

# Q 文化、宗教與衝突、建立和平有什麼關係？

**希林・伊巴迪**（伊朗第一位獲頒諾貝爾和平獎的女性人權律師）：

跨文化的理解是有助於維繫人性尊嚴的部分因素，而這些因素又會反過來幫助建立和平。你的文化或宗教如果無法被社會接受和容忍，必定帶來人格尊嚴上的損害。

**萊赫・華勒沙**（波蘭民主化後第一位民選總統、諾貝爾和平獎得主）：

我們在和平運動中，宗教即是團結的號召。我認為音樂、藝術、宗教和文化會讓大家團結起來，幫助我們一起思考和感受。大家團結起來，才能建立自己想要的事物。

## Q有些行為無法原諒嗎？

**瑪麗娜・坎塔庫茲諾**（英國記者、非營利組織「寬恕計畫」*創辦人）：

我以前說過，寬恕與否是個充滿爭議的主題，現在我也要再次重申，寬恕完全是個人的決定。有些人可能會要求對方懺悔和道歉才能原諒，有些人則出於各種原因而永遠不可能道歉和懺悔，所以如果只是等待、盼望得到懺悔與道歉，你只是將權力交給錯誤的人。其實寬恕是自我療癒和賦予力量的行為。對某個人來說是不可原諒的事情，對另一個人來說也許不一樣。

比方說奧許維茲的倖存者伊娃・柯爾（Eva Kor），很難想像她會原諒納粹醫生，尤其是在奧許維茲集中營拿她做實驗的約瑟夫・曼格勒（Josef Mengele）。但她確實做到了，而且她很清楚寬恕對她有什麼意義：「我原諒，並不是因為他們應該獲得原諒，而是因為那是我應該得到的。寬恕只是為了自我療癒和賦予自己力量。我稱之為奇蹟藥。免費、有效，而且沒有副作用。」法國哲學家雅克．德希達（Jacques Derrida）認為，唯一需要寬恕的錯誤是不可原諒的錯誤。他的意思是指那些永遠無法理解、忽視或消除的錯誤，因此無法藉由恢復原狀或和解來修復。

# Q 寬恕能否代替復仇？

**瑪麗娜．坎塔庫茲諾**（英國記者、非營利組織「寬恕計畫」創辦人）：

朱德．懷特（Jude Whyte）的媽媽在暴亂騷動中被愛爾蘭共和軍的炸彈炸死。他說：「我對母親遭到殺害的復仇，就是我的寬恕，因為它給予我力量。」這句話的意

* 編注：寬恕計畫（The Forgiveness Project）的宗旨是蒐集並分享犯罪與衝突的受害者、倖存者及肇事者的故事，希望幫助他們化解仇恨，免除暴力與衝突的循環。在下一則訪談中提及的朱德．懷特與史嘉麗．路易絲皆爲此計畫的參與者。

思是，沒錯，寬恕是最有力的報復。有的加害者只想讓你永遠陷在痛苦的記憶中，永遠被痛苦困住，但寬恕可以切斷那些束縛。再舉一個例子，史嘉麗．路易絲（Scarlett Lewis）的兒子傑西（Jesse）是在桑迪胡克小學槍擊案中喪命的二十個孩子之一，當時他才六歲。史嘉麗．路易絲經過漫長的心路歷程後才能夠寬恕：「寬恕讓我像是拿到一把大剪刀，剪斷過去的連結，恢復我自己的力量。」原諒那些加害者，他們就再也無法操縱你的心情。偉大的愛爾蘭作家王爾德（Oscar Wilde）說得沒錯：「要原諒敵人，因為這最能讓他們惱怒。」

**萊赫．華勒沙**（波蘭民主化後第一位民選總統、諾貝爾和平獎得主）：

寬恕是一種美德，但是要做到這一點並不容易。有些人遭遇太多暴力，或者是失去家人、房子和健康，要他們原諒真的很難。但是寬恕非常重要，就算僅僅只是不再想要報復也好。

寬恕的確很難，曾經寬恕過的人都知道這一點。就算是在日常生活中，要原諒一些無關緊要的錯誤，有時都需要經過好幾個月、甚至是好幾年的省思才辦得到。我們和慈善機構「戰地之中」團隊去南非訪問時遇到一個男人，他以前是激進暴力團體的首領之一，而他現在幫助的社區之中，有些人的家人就是被他殺死。但是這個社區展現驚人的寬宏大量，選擇原諒這個人，因為大家都知道他現在的工作可以阻止年輕人犯下同樣的錯誤。寬恕不是自私的，也不一定是無私的，但必定是真實而且可以持續的。

## Q 要如何積極運用建立和平的技術，挽救正在分裂的社會？

**伯蒂・埃亨**（愛爾蘭前總理）：

也許是因為我歷經過一九八〇、一九九〇到二〇〇〇年代的政治活動，所以我深深信奉多邊主義（Multilateralism）。我非常尊敬與敬佩那些由好幾代人建立起來的多邊主義組織，例如聯合國開發計畫署（UNDP）。但讓人非常擔心的是，多邊主義的基礎結構也遭到破壞，尤其在這兩年特別嚴重。因此，解決衝突的組織必須共同合作，在政府體系之外建立多邊聯繫，這比以往任何時候都更重要。這不是理想的狀態，如果政府組織準備好扮演更重要的角色來幫助與解決這些問題，必定會好得多。挪威在這方面做得很好，但是也比過去任何時候都來得困難，因為過去解決問題的國家都不再伸出友誼之手。

## Q 我們會看到沒有衝突的世界嗎？

**茱蒂・威廉斯**（《富比世》雜誌全球百大最有影響力女性）：

如果大家都很關心這件事，我們的子孫後代絕對可以達到這樣的境界。這是可能的！大家要一起站出來拒絕當炮灰，對那些送他們上戰場以獲取權力、金錢和資源的人說不。

**馬帝・阿提薩里**（芬蘭前總統、聯合國外交官、諾貝爾和平獎得主）：

要回答這個問題，我必須觀察我所在的世界。大家如果支持包容與平等的政策，我們就能一起創造人人都有機會的環境，而不會引發衝突。不過，如果你仔細查看美國這些國家監獄人口的族群比例，就會知道欠缺平等政策、社會階級無法流動，以及缺乏教育和機會時，會發生什麼狀況。你可能會看到有些家庭代代都欠缺教育和機會，這些人當然就更容易加入幫派，成為黑道、毒販和其他人的目標。最近有位經濟學家說：「如果你想實現美國夢，要到瑞典去。」許多人都說，這是因為北歐國家的同質性，但事實並非如此。現在瑞典社會的同質性並沒有比英國高。世界上也有太多陳規陋習在阻礙時代的進步。比方說，我們到現在還要向現在的俄羅斯傳達明確的訊息：冷戰已經結束了。西方國家也不再以軍事威脅他們，甚至連北約組織都沒有能力這麼做。這應該是俄羅斯最不需要擔心的。他們可以把資金用來改善法治體系，以及提升社會層面的價值，例如教育。我們應該更致力合作來終結現在的衝突。

**班・費倫茨**（美國律師，二次大戰納粹戰爭罪行調查員）：

這個問題的答案顯然是不能，但是我也不希望你就此放棄，因為那會讓人迷惑。我們是朝著和平的方向前進，但永遠難以達到完美的境界，事實上也不該期待完美。儘管現實中到處都是限制與腐敗，也不要忘記我們其實還是可以有點進展；我們確實正在進步，而且還在繼續前進。我們現在取得的進步還不夠，那些戰亂所犯下的罪行太過殘暴。我們無法立即採取任何措施來扭轉幾個世紀以來一直受到讚揚的事物。幾個世紀以來，人們一直稱頌那些對異議人士的殺戮。該如何阻止這種情況？我們還沒找到答案。

## Q 你對下一代最擔心什麼？

**萊赫・華勒沙**（波蘭民主化後第一位民選總統、諾貝爾和平獎得主）：

我最擔心民粹主義，我們一定要向那些名義上的領導人、實際上的煽動者勇敢抗爭，他們根本不惜代價惹事生非。我也擔心民粹派如果大舉囊獲權力會怎麼樣？他們可能會摧毀整個社會。我們要找到答案，找到美麗世界的新結構，要做到這點就一定要組織起來，團結在一起。

## Q 你希望傳遞什麼訊息給想要建立和平的下一代？

**馬帝・阿提薩里**（芬蘭前總統、聯合國外交官、諾貝爾和平獎得主）：

我希望下一代從我們的錯誤中記取教訓。我有時候會擔心，我們從歷史中沒有學到太多東西。有些狀況我們完全可以避免，但還是犯下同樣的錯誤，對此我們應該仔細研究和反省。令人傷心的是，我們現在看到民粹運動在歐洲獲得這麼多人支持。那些讓人做出這種選擇的言論，完全不是出自理性的思辨。我這輩子學到的重要教訓，就是要了解真相和事實。不管碰到任何狀況，你一定要經過分析，了解真正的原因。民粹主義容不下理性分析。不過年輕一輩比我聰明得多，我對他們還是懷抱希望。

**萊赫・華勒沙**（波蘭民主化後第一位民選總統、諾貝爾和平獎得主）：

我們這代人破壞了一些舊角色，讓歐洲各國開放邊界，統一歐洲，為下一代開啟一個新時代。在新時代，需要用新思維來重新建立每件事。你們也要了解，科技發展到現在的地步，已經出現某種可以摧毀全世界的武器，所以未來唯一的出路就是建立和平與團結的國家。

**班・費倫茨**（美國律師，二次大戰納粹戰爭罪行調查員）：

第二次世界大戰結束後，我們在柏林得到的紀錄檔案中，看到納粹前線指揮官得意洋洋的回報總部，說他們在當地消滅多少猶太人、吉普賽人，還有其他敵人。他們使用的詞彙不是「殺害」，而是「消滅」。我（用一台小計算機）把報告上的數字加起來，發現竟然有一百萬人遭到殺害，於是我和上司帶著證據從柏林飛到紐倫堡，我跟他說：「這一定要重啟新的審判案。」他說：「不行，這個案子已經委任幾位律師了，我們不能授權重啟新的審判案。」他又問說：「除了現在的工作，你還能再接新案子嗎？」我說：「當然可以！」所以他派我接下這個案子，我成為人類史上最大謀殺案的檢察長。那時候我才二十七歲。在後來的五十年裡，我致力於推動設立國際法院，最後終於成功在海牙（Hague）設立國際刑事法院。

等到國際刑事法院第一次審理現代案件時，當時的檢察長打電話來跟我說：「班，我們希望由你為檢方做結辯。」我說：「當然，我會這麼做。」所以我在九十二歲的時候還去為檢方做結辯。時間過得飛快，現在我九十八歲了，我還是在為此努力，每週七天、每天十五個小時，都在為了創造理性、人道的世界而繼續努力。我們要徹底改變人的心靈和思考，尤其是年輕人。年輕人就是公眾輿論的法庭，他們能勇敢的說：「不行！我們不會退讓！」現在的世界比過去任何時候更加危險：我們現在有能力透過網路來切斷地球上任何地方的電網；我們不必編造「附帶損害」（collateral damage）*之類的荒謬術語，讓傷害就好像只是一陣風吹過；現在的武器可以殺死所有人，或者不聲不響的破壞公用設施，消滅整個城市。我們現在看到的就是這樣的世界，所以我們必須用更有效的機制來解決爭端，不管碰上任何狀況，都不該再發生戰爭。戰爭應該受到鄙視，不該視為榮耀。戰爭就是一場地獄，我曾經在那裡，我親看過、嘗過、經歷過。

有些國家的政府並沒有為結束戰爭而努力，還有很多外交官在爭論誰能做出最厲害的武器、殺死最多人，甚至為此互相競爭。我已經九十八歲，這已經不是我的問題。可是年輕人要趕緊覺醒，站出來說：「停止戰爭！」我要給年輕人三個建議：第一是不要放棄；第二是不要放棄；第三是永遠不要放棄。這是我可以給大家最好的建議。我看到過去幾年來重大的進步，包括國際法院的建立和人類良知的覺醒，讓我對未來懷抱希望。我們其實進步很多，不過前方還有很長的路要走，而且每天要面對的危險愈來愈大。但我們絕對不能對問題視而不見，甚至不思進取。從第二次世界大戰以來，我們確實有很多進步：我們設立法院，也在世界各地的大學教授國際刑法；我們發布多項人權宣言，儘管有些宣言尚未獲得充分的尊重，但仍然具有影響力。

**希林・伊巴迪**（伊朗第一位獲頒諾貝爾和平獎的女性人權律師）：

在社會上追尋和平的人一定要記住：己之所欲，樂施於人；己之受害，人同其害。這是我給下一代和任何希望在社會中創造和平者的訊息。

---

人類因戰爭而流離失所並不是什麼新鮮事，「難民」（refugee）這個詞甚至可以追溯到

---

＊譯注：指戰爭軍事行動誤傷或誤殺平民。

法文「réfugié」，這是描述在一六八五年廢止「南特詔書」（Edict of Nantes）後被迫逃離法國的胡格諾（Huguenots）新教徒（「南特詔書」是一項賦予新教徒宗教自由與人權保障的法令）。據估計，在這項法令廢除後幾年，有將近五十萬名新教徒逃離法國。那些想找新工作的移民，以及因為戰亂或飢荒而流離失所的人，他們帶來的文化衝擊與混亂，創造出另一種形式的歧視性語言與標籤，而且他們很容易成為社會某些弊病的替罪羔羊。難民未必造成危機，反而是我們對逃亡者的理解陷入危機。

## Q現在國際移民與難民的移動規模有多廣？

**亞歷山大・貝茨**（英國政治學者，專研被迫性移民與國際事務）：

現在全球大概有兩億六千萬國際移民，在一九七〇年時才七千萬人。有趣的是，從一九七〇年代以來，國際移民與全球總人口的比例其實相對穩定，大概維持在三%左右。所以全球的遷移人口比例並沒有太大變化。不過，因為戰亂或迫害而流離失所的人數一直增加，現在全世界有六千萬人流離失所，比第二次世界大戰結束以來的任何時候都還要多，其中超過兩千兩百萬人是穿越國界的難民。現在的困難在於「難民」的法律定義，過去這是指逃避迫害的人（第二次世界大戰後的定義），例如在冷戰初期的難民，是一些遭到國家政府迫害、從東方逃到西方的人。但是今天人們流離失所的原因是出於國家的不穩定，有些國家陷於戰亂或處於交戰之中，也有些國家長期積弱不振，無法滿足人民的基本需求，例如索馬利亞、伊拉克、阿富汗、中非共和國和剛果民主共和國等。從那些國家地區逃難求生的人陷入灰色地帶，因為他們並不完全符合法律上「難民」的定義。

**凱瑟琳·伍拉德**（歐洲難民及流亡理事會主席）：

二〇一五年大概有一百萬人進入歐洲，跟二〇一四年比起來，增加了四倍。雖然這個數量對歐洲大陸來說很容易控制，但還是引發嚴重的政治危機。實際上，逃進歐洲的難民只占全球的一七％，而且這個比例包含土耳其這個全球最大的難民收容國。

被迫流離失所的難民有三〇%到了非洲，那些比歐洲更窮的國家，像烏干達、肯亞和伊索匹亞都收容大量難民。歐洲人對這個議題的關注實在不成比例，而且歐洲的反應也不能反映出難民的實際狀況。

**喬治・魯普**（美國神學家，曾任國際救援委員會主席）：

現在全世界流離失所的人民超過六千五百萬人，其中三分之二還留在本國，而跨越邊界逃到國外的大約有兩千萬人，以聯合國的術語來說，這些就是難民。但是所有離鄉背井的人都會遇到類似的問題，必須找出養活自己和家人的方法，要找到安全的棲身之地。

---

我一直覺得對特定團體貼標籤會帶來某些後果，所以我請教喬治・魯普教授，把難民移動的狀況和數量當作「問題」看待是否恰當。

**喬治・魯普**（美國神學家，曾任國際救援委員會主席）：

我認為這可以說是個「問題」，也確實是個問題。但這也是一種「變動」，而且不是完全出於自願的變動。根據統計，現在全世界離鄉背井的人超過六千五百萬人。

## Q 各國對難民有什麼義務？

**凱瑟琳・伍拉德**（歐洲難民及流亡理事會主席）：

一九五一年「難民公約」（Refugee Convention）和一九六七年的「議定書」（1967 Protocol）都載明各國應提供庇護，有義務保護受迫害的流亡者。例如在歐洲國家，歐盟共同庇護體系明定歐洲庇護法，規定成員國（及相關的非成員國）收容難民的條件與標準，包括難民具備什麼資格、應受到何種待遇以及申請庇護的權利等等。這些條文也載明獲得公正庇護的程序以及家庭團聚的權利。

# Q 我們可以怎麼改善難民的處境？

**古爾瓦力・帕薩雷**（阿富汗難民、作家）：

幫助難民不需要高深的學問，也不需要多高的技術，只需要我們政治界發揮一點同情心就好。現在全世界有六千五百萬個難民和流離失所的人，這個人數跟英國人口差不多。大家需要了解的是，這些人大多可能都來自同一個國家或鄰近地區，而收容多數難民的不是西方國家，而是約旦、巴基斯坦、土耳其和肯亞等國。那些難民頂多只有十分之一來到歐洲。可是你看看大家的反應，大家把他們當作是「危機」。車輛誤點或假期延誤才算是危機吧？國際社會並未負起責任認真對待難民；我們也沒有幫助各國政府收容難民、提供教育和醫療保健。各國政府保證說要捐錢，但從未真的實現。

不過，民眾普遍都很有同情心。我在英國到處旅行，在很多學校、大學演講。大家都很有同情心，呼籲彼此團結和表態支持，歡迎這些異鄉人的到來。只是，官方並未這麼做。現在，我們處在一個充滿敵意的環境，每個來到我們國家的人都被當成嫌疑犯、騙子或罪犯。我們把難民當作有罪的人，除非他們可以證明自己無罪。但是，每個人在被證明有罪以前，應該都被視為無辜才對。現在這套做法真的很沒人性。既不人道、也不道德，不把人當人對待，讓你覺得自己不像人。我們應該分享公平、公正，在這方面我們做得不夠好。難民危機不會就這樣消失，我們大家都應該承擔責任，這是我們的道德義務。我們都應該承擔起法律義務來應對這場危機。

**弗朗索瓦・克雷波**（加拿大律師，曾任聯合國移民人權特別報告員）：

改革需要時間，也許至少需要一個世代，但我們現在仍必須和那些為移民發聲的人一起努力。最近有些電影導演和小說家也對我們訴說流動和多元的重要性。大多數科幻小說的內容也都與這些有關。影集《星艦迷航》（*Star Trek*）系列即是移民與多元的主題，談的是人類抵達沒有人去過的新地點，與遇到的新物種互相了解。還有像莫妮卡・愛里（Monica Ali）的小說《紅磚巷》（*Brick Lane*）或艾未未紀錄片《人流》（*Human Flows*）等，也都指出我們前進的方向。在有關移民的爭論中，藝術家比政治家看得更遠，他們已經感知與預測到未來的挑戰，就像畢卡索的畫作〈格爾尼卡〉（*Guernica*）預言第二次世界大戰一樣。

律師、人權組織和教會已經有十幾年處理移民事務的經驗，也把他們的聲音帶進法庭，但現在參與法庭、抗議、爭論或走上街頭抗爭的移民還是非常少。他們隱姓埋名，不敢在大眾之前曝光，害怕遭到拘留或驅逐出境。為了避免冒險而破壞移民計畫，移民承受了太多的痛苦。他們傾向採取的策略是躲避任何可能危害移民計畫的打擊，並移轉到新的地點和尋找新工作。

進行抗議、爭論和示威，表示要冒著曝光的風險，可能被發現沒有身分證件或被視為麻煩製造者，只是在浪費時間和精力，讓他們不能賺錢、寄錢給家人，或為自己和孩子打造美好未來。就社會資本來說，移民處於最不穩定的坑底，欠缺社會人脈，也沒有家族人際網路，連當地的語言也不會說。他們和十九世紀或殖民時代的勞工、契約工、甚至是過去的奴隸一樣悲慘。工會對移民經常抱持敵意，認為這些人是來搶本國勞工的工作。還好，現在有些工會已經了解移民也可能是工會未來的成員，例如在農業部門即是如此。不過許多工會正面臨開放勞動市場與喪失政治影響力的挑戰，這時候連要進行集體談判都會遭到汙名化。

## Q我們需要無國界的世界嗎？

**亞歷山大・貝茨**（英國政治學者，專研被迫性移民與國際事務）：

如今，那些享受特權的富裕精英就生活在無國界的世界。只有貧窮社會的人才會在旅行時受限於疆界。當代邊界的特徵就是不平等。理論上大家應該都能在全世界自由來往，但在政治上來說，這並不符合現實，就算可以實現也難以持續。民粹與民族主義的興起，讓許多人開始重申「主權」和疆界，對移民和難民的強烈反感也隨之捲土重來。比較符合現實的中期目標是創造所謂「可持續的」移民體制，在這個體制下，我們能夠支持難民保有人權、擁有遷徙的自由，並確保移民能被社會包容，也能融入我們的社會。我們當前所要面對的挑戰，不是建立無邊界的世界，而是先創造可長可久的移民體制來包容那些可能遭到排斥的人，不管他們是公民、難民還是移民。

**凱瑟琳・伍拉德**（歐洲難民及流亡理事會主席）：

我們必須找到尊重人權的方式來管理邊界，讓那些有權獲得保護的人越過國境。現在的狀況是，儘管有國際法保障人權，那些需要獲得保護的人還是沒有受到尊重，也不能逃難躲避，使他們陷於水深火熱之中。現實中的邊界其實有高度的流動性和滲透性，但是歐洲各國散布移民恐慌，讓控制邊界變得更不切實際，而且具有破壞性。這種不合時宜的觀點，為全球六千六百萬被迫流離失所的人帶來慘無人道的可怕遭遇。把移民行動看做威脅、擔心地方引發連鎖反應並造成更多危險，這是歐洲社會的大退步。

**喬治・魯普**（美國神學家，曾任國際救援委員會主席）：

只有整個人類社會都能尊重個人，無邊界的世界才可能存在。原子化的個人（atomistic individuals）是指每個人都可以與整個人類社區有關聯，這個概念經常出現在在西方現代個人主義的各種形式中。然而，在如今的西方世界，尤其是美國地區，個人主義顯然已經不受控制，無法體認到社區的必要性。我們都是社區的一員，而社區可以培養包容差異的能力。創建包容性社區的目標當然也是個理想，但它比無國界世界更容易實現。我們需要更豐富的文化，接納整個人類社區的脈絡，並在這個基礎上持續發展，而不是一味的排斥異己。

——

「戰爭」不能夠合理化，但回顧過去歷史，我們知道公平的社會可能不需要戰爭，不公平的社會卻使人民陷於水深火熱，難以避免衝突。我們必須小心謹慎的是，不該對戰爭殘酷的本質麻木不仁。就像班．費倫茨在訪談中所言，人們常常歌頌某些人在戰爭時英勇奮戰，但我們應該明白這種美化戰爭的言行對世界來說多麼沒有幫助。

如果不是因為人類，戰爭和衝突不會自然發生。這不只是出於人性本能，而是人類相互對立時主動做出的選擇，大都是受到文化、經濟、政治、社會因素和各種不受限制的利己主義所驅使。這些衝突是人類自己創造的，而且很大程度上可以避免。就像伯蒂・埃亨說的，武裝衝突對世界的運作來說是一種詛咒，通常是因為無法透過談判來解決，或者不夠努力去調解與對話。伯蒂在愛爾蘭親身經歷暴力衝突，因此他的理解和評論都非常深入，我印象最深刻的是他極為感傷的指出，建立和平與解決衝突的機制，往往都要等到衝突已經爆發之後才發揮作用，但是那已經太遲了。也有研究指出，我們人類其實不喜歡對同類施加暴力，這也許就是茉蒂・威廉斯說的，要搧動人民支持戰爭，就要先把「敵人」異己化，讓他們不再符合人的條件；要征服對方之前必須要先否定他們存在的理由。

在當今的世界，我們比過去更需要了解衝突。就像萊赫・華勒沙所言，民粹主義在我們生活的世界裡日益盛行，煽動者正大肆奪取權力。歷史經驗顯示，這些民粹組織輕而易舉就能摧毀社會，所以我們必須找到組織與團結的新結構。我們都寄望於未來的和平烏托邦，以為那是衝突迷霧中可見的綠洲，但這種理念也可能代表我們無法理解和平其實存在於當下。我們經常以所犯的罪惡來界定道德的價值，用仇恨來衡量寬容的價值。歌頌戰爭、美化衝突這種思維是歷史的殘餘，也或許可以視為人類成長期中的「青春期」。現在，我們應該準備從青春期進入成年期。如今我們擁有科技、知識和完整的基礎設施，真的可以創造出平等的世界，現在這個世界充滿機會，幾個世紀以來困擾我們的天災人禍也多半消失了。

班・費倫茨在第二次世界戰後調查納粹暴行，並在紐倫堡大審代表美國擔任檢察長。他比大多數人更了解戰爭的前因後果。從我與他的對話中，可以明顯看出我們需要的是找到解決爭端的機制，不管要用什麼方法，就是不要再發生戰爭。他熱切的呼籲大家不要再美化戰爭，因為那是地獄。我採訪班時，他已經高齡九十八歲了，而他也直言這已經不是他的戰鬥，只想呼籲年輕人趕緊覺醒，勇敢站出來大聲反對戰爭與衝突。柏拉圖曾經感嘆道：「只有死者才能看到戰爭結束。」但能為活著的人帶來和平願景，才是人類最大的勝利。

# 訪談者簡介

◈ **希林・伊巴迪博士（Dr Shirin Ebadi）**：伊朗的律師、政治與人權運動者，伊朗「人權捍衛中心」（Defenders of Human Rights Centre）創辦人。二〇〇三年獲得諾貝爾和平獎，是第一位獲此殊榮的伊朗裔及穆斯林女性。

◈ **馬帝・阿提薩里（Martti Ahtisaari）**：政治家、聯合國外交官，曾獲諾貝爾和平獎。他在一九九四年到二〇〇〇年間擔任芬蘭第十任總統，對國際和平事務極有貢獻而聞名於世。

◈ **萊赫・華勒沙（Lech Wa sa）**：獲得諾貝爾和平獎肯定的政治家，曾經擔任波蘭總統，是波蘭民主化後第一位選舉產生的總統，畢生榮獲大小獎項數百座，還有四十幾個榮譽學位。

◈ **伯蒂・埃亨（Bertie Ahern）**：曾擔任愛爾蘭總理，直到二〇〇八年退休卸任，他是六十年來第一位連任三屆的總理。他在歷史性和平談判「耶穌受難日協議」（Good Friday Agreement）出力甚多，爲北愛爾蘭地區的政治權力分享建立架構。

◆ **查伊拉德・胡賽因教授（Professor Zeid Ra'ad Al Hussein）**：美國賓州大學培里世界之家（Perry World House）的法律與人權教授。曾在聯合國擔任第六任人權事務高級專員及安理會主席。

◆ **茱蒂・威廉斯（Jody Williams）**：美國政治運動者，致力於呼籲國際禁用「人員殺傷地雷」，於一九九七年獲得諾貝爾和平獎。曾獲十五個榮譽學位，《富比世》雜誌評為全球百大最有影響力女性之一。

◆ **瑪麗娜・坎塔庫茲諾（Marina Cantacuzino）**：屢次獲獎肯定的英國記者，也是非營利組織「寬恕計畫」（The Forgiveness Project）創辦人，運用故事分享與探索人性的寬恕與正義。

◆ **班・費倫茨（Ben Ferencz）**：美國律師，第二次世界大戰納粹戰爭罪行調查員，在紐倫堡十二次軍事審判的其中一場代表美國陸軍擔任首席檢察官。

◆ **亞歷山大・貝茨教授（Professor Alexander Betts）**：英國政治學者，李歐伯・穆勒（Leopold Muller）講座教授，專研被迫性移民與國際事務，布羅塞納斯學院（Brasenos College）威廉・高汀（William Golding）講座政治學資深研究員，牛津大學社會科學院副院長。

◆ **凱瑟琳・伍拉德（Catherine Woollard）**：歐洲難民及流亡理事會的主席，這個理事會是集合歐洲四十個國家總共一百零六個非政府組織組合而成的聯盟，致力於保護及提升難民、尋求庇護者和其他被迫流亡人士的權利。

◈ **喬治・魯普教授（Professor George Rupp）**：美國神學家，曾任萊斯大學校長、哥倫比亞大學校長、國際救援委員會主席，寫過許多相關文章，並出版六本專著。

◈ **古爾瓦力・帕薩雷（Gulwali Passarlay）**：阿富汗難民、作家、TEDx主講者、曼徹斯特大學的政治系學生。他是慈善機構「明亮風箏」（My Bright Kite）共同創辦人，致力於提升年輕難民的權利，也是慈善機構「他們的世界」（Theirworld）全球青年大使。

◈ **弗朗索瓦・克雷波教授（Professor François Crépeau）**：加拿大律師，麥吉爾（McGill）人權與法律多元化中心主任，麥吉爾大學教授，加拿大皇家學會成員，曾擔任聯合國移民人權特別報告員。

# 第七章

# 民主
## 二五〇〇年的權力實驗

民主不是聚合體，而是辯證和對話。每次對話時，你都會變成不同的身分；別人的一部分融於你，你的一部分也融於他。

——希臘前財政部長

雅尼斯．瓦魯法克斯（Yanis Varoufakis）

我寫這篇文章的時候是二〇二〇年五月八日，德國總統法蘭克―華特．史坦麥爾（Frank-Walter Steinmeier）在德國戰爭與暴政犧牲者紀念館（Neue Wache）致辭，紀念歐洲結束第二次世界大戰，德國擺脫納粹主義、邁向解放的七十五週年。「我們在一九四五年獲得解放，」他說：「但今天我們還要擺脫國家民族新口號的誘惑，擺脫對專制獨裁的迷戀，屏除國際之間的不信任、孤立與敵對，拒絕仇恨言論、仇外心態和對民主體制的蔑視，凡此種種都是披上新偽裝的舊惡魔。」

要理解人類歷史，必須見證人類社會中的最大矛盾：權力。權力的運作為我們帶來約束與限制，但也同時創造出一個連結我們社會的結構。厚植權力、行使權力，都是人類特有的現象。但是在二十世紀，這些權力現象造成超過兩億人因戰爭和壓迫而喪命，全世界有一半以上的財富集中在全球僅一％的人手中，這表示全球家庭有幾十億人在忍受飢餓，飽受病痛折磨。不過，權力也能促成社會運動，讓全世界幾十億人享有更多的權利、自由和機會。

對生活在西方文明的人來說，關於社會如何運作的深層問題，通常很大程度上是透過選舉投票、委由當選的領導人來決定；這套制度有其安全保障，如果我們不喜歡現有的領導人，通常可以透過投票選出另一個更符合我們集體利益的候選人。實際上，不管在美國、英國、肯亞或印度，當今世上的民主實驗還是把權力交給資金最雄厚、聲勢最浩大也最熱血激昂的一群人，而廣大的群眾雖然有投票選舉的權利，卻沒有從中獲得實際利益。大多數西方公民對民主進程漠不關心，可能是因為我們長期處在和平之中，已經忘記和平的代價。而且因為我們忘記和平的代價，也就忽略了和平的價值，才會出現那種虛有其表的民主體制，彷彿大家都參與其中，但其實權力還是從多數群眾轉移到少數人的手中。

我在這一章選錄幾位政治領域中最受尊敬的思想家與其對話菁華，一起探討民主與公民參與政治的本質，這些訪談者包括：諾姆．杭士基（Noam Chomsky）、格雷林（A. C. Grayling）和加里．卡斯帕洛夫；還有一些在站在最前線為民主自由犧牲奮鬥的人，例如北約盟軍前指揮官海軍上將詹姆斯．史塔伏瑞迪斯（James Stavridis）。許多人以批評領導人為樂（尤其是在歐洲和美國），簡直把這當成一種國民休閒活動，但實際上處在這種權力高位上，是非常複雜又很有挑戰性的，尤其在平衡全國民眾的利益時更是如此。為了在這方面理解更多訊息，我也採訪比利時前首相居伊・伏思達（Guy Verhofstadt）、愛沙尼亞前總統湯瑪斯・易維斯（Toomas Hendrik Ilves）和墨西哥前總統比森特・福克斯・克薩達（Vicente Fox Quesada）等政壇大老。

## Q 什麼是民主？

**格雷林**（英國哲學家、作家）：

民主制度最普遍的特徵是，國家政府的權力是由符合投票資格的選民所賦予。授予權力的方式會因為制度的設定而各有不同。民主體制讓人民可以對政策和組成政府的政黨表達意見。雖然英國的選舉制度讓人不滿意，但是大家普遍還是接受它的運作方式。幾年前進行的全民公投否決了比例代表制，所以現在還是採用「最高票當選」制度。在過去的歷史中，人們經常擔心民主容易退化為暴民統治，所以各種民主制度幾乎都有適當的結構和制度進行過濾，以免整個國家陷入暴民情緒的危險。有句經常被認為是邱吉爾講的話：「對民主最好的反駁，就是和選民談話五分鐘。」因為大家其實都沒有完整的資訊，也往往自私自利，只為眼前的蠅頭小利打算。理想的民主體制是大家都了解狀況，而且顧全大局，考慮到所有人的利益，不為一己私欲而行，但是這根本就不會發生。我們英國是採用代議民主體制，被選進國會的人不只代表民意和傳達地方訊息，也要致力獲取資訊，並思考、討論、互相辯詰和做出判斷，代表選民和國家採取必要的行動。如果他們做得不好，在下次選舉時就可以把他們換掉。這些人在議會中是要代表我們行事。我們有憲法保障，這叫做憲政民主，是在暴民政治與獨裁統治兩個極端之間的折衷妥協。

**劉雲平**（華裔美國眾議員）：

基本上，民主的意思是國家要往哪個方向前進交由全體國民來決定。這表示必須要依照法律來進行統治，而且要確保個人權利獲得保障。不管是什麼形式的民主，這些都是核心的原則。

**巴森瑟姆．尤瑟夫**（埃及喜劇演員、外科醫生和電視節目主持人）：

民主的詮釋因人而異，但有很多透過「民主」體制上台的人卻把民主當作是多數暴政，這就是個問題。我們在中東可以看到這種政客或軍閥率領的專制民主，他們認為只要掌握足夠選票就可以為所欲為。我認為「民主」首先就是要保護少數族群和社會上需要幫助的人。對那些有權有勢又有財的人來說，是否民主根本無所謂。對需要受到保護的人來說民主很重要，沒有民主程序可能就無法獲得保障。然而掌握足夠選票不但可以修改國家憲法，把人關進監牢，甚至能透過立法來侵犯人權。唯有在任何情況下都能保護所有人的民主，才是真正的民主。

## Q 民主為什麼重要？

**加里．卡斯帕洛夫**（俄羅斯西洋棋大師）：

回顧人類歷史就可以看到對民主問題的簡單回答：因民主制度為個人和社會繁榮提供最佳的條件。現在全世界大部分財富都是由民主國家產生，雖然大家可能會說中國和其他國家的生活水準也正在提升，但人類進步基礎的創新動力，還是位於自由世界的核心。因為自由的人更能發揮潛力。

## Q 我們社會的民主自由到什麼程度？

**諾姆．杭士基**（美國語言學家、政治運動者）：

按照過去的歷史標準來看，現在有些社會的確是相當自由。選舉維持公平公正、沒有作票舞弊，從種種條件來說確實是民主。但是候選人不只代表民意，還有許多力量影響他們，從這一點來說又不夠民主。美國在這方面的表現可以說是最極端。現在美國的選舉，基本上是花錢買來的。除非你擁有大量資金，否則你根本無法參選，這表示要有大企業的資金才能打選戰（儘管這還不是百分之百的因素）。比方說，二〇〇八年的總統大選，讓歐巴馬先馳得點的原因就是來自金融機構的大力支持，而它們現在都是美國的經濟核心。現在要參選大概要花二十億美元，而且只有一個地方可以找到這麼多錢。以前國會的委員會主席制度是根據年資在運作，但現在通常也要靠政黨委員會提供資金，表示這些機制大概也都能夠被收買。這意味著現在民意已經非常邊緣化，你在一個又一個的問題上都可以清楚的看到這點。像現在美國最大的問題就是財政赤字，大家對如何削減赤字也都有一些想法。比方說，財政赤字大都是因為健保醫療體系失能所造成，這套系統的人均成本大概是其他國家的兩倍，而且效果也沒有別人好，甚至是更差。民眾長期以來傾向採用其他國家的國民保健系統，不但價格便宜許多，而且效果不會比較差，甚至可能更好（根據結果判斷）。如果這麼做的話，就能打消赤字，但沒有人考慮這麼做。

## Q 公民是否了解政府與他們的關係？

**麥可・路易士**（暢銷書《橡皮擦計畫》、《魔球》作者）：

美國人現在不把自己當作公民，而是把自己當成顧客，所以覺得自己沒有義務了解政府到底有什麼功能。公民課程以前是美國初級教育的一部分，現在早就取消了，所以我們有整個世代的人根本不了解政府運作流程的細微差別，也因此特別容易相信謊言，相信對政府的誹謗攻擊。像這樣欠缺公民教育，大家就沒有相關知識和資訊來捍衛權利，才會被一些政客的胡言亂語牽著走。比方說，德州州長瑞克・裴利（Rick Perry）曾說要把政府的三個部門完全撤除。為什麼要這麼說呢？因為這樣才能博得掌聲。結果呢？他現在負責主持的能源部，就是他那時候說要撤除的部門之一！而且，能源部跟我們的核子武器一樣重要。我所說的美國人與政府的關係，在全世界很多地方大概也是如此。我們現在面對的基本問題是，大家想從政府那裡得到各式各樣的東西，但對那些東西到底是怎麼來的卻很少去了解，甚至也不想參與其中或給予回饋。

## Q為什麼現在突然增加很多右派和民粹運動？

**艾婕．泰梅爾古蘭**（土耳其的新聞記者、作家）：

第二次世界大戰為我們帶來一種獨特的法西斯美學，總有人在幻想納粹制服，還有我們在網飛和HBO頻道上看到的那種未來主義式的威權專制設定。在過去的文化中，我們將制服和軍國主義視為專制獨裁和法西斯主義的代表，但現在的右派民粹主義、威權獨裁和新法西斯主義已經不太一樣，有電視實境秀的明星、奇怪的人和一些原本被全國當成笑話的人。現在那些右派民粹主義的領導人，一開始沒有人認真注意到他們，沒有人預期到新法西斯主義會如此大搖大擺的出現。

要了解這些東西為什麼又重新回到我們的世界，要先找到根源。一九七〇年代以來，新自由主義就不斷鼓吹說自由市場經濟是人類最好也最有道德的制度。新自由主義改變人類基本道德的定義，也改變正義的定義，甚至創造出一個全新的世界。新自由主義變成解決各種疑難雜症的萬靈丹，除此之外沒有其他選擇；這就像是我們把政治削掉一半，把左邊全砍了，全部都轉移到右邊。於是政治變成為一種競賽，比賽看誰能更正確，誰可以透過消費主義來使更多腦袋麻木。畢竟，民眾只有在消費的時候才有自由，因此我們在政治上是客體，並非主體。現在的政治已經變成為一種娛樂，大家也不再覺得自己的意見很重要。

**比森特．福克斯．克薩達**（墨西哥前總統）：

其實政治像個鐘擺，從左擺到右，又從右擺向左。進入政府以後，你會看到自由派、極左派、民粹主義和煽動分子。這些傢伙無所作為，也沒有提出什麼道理，只是把事情搞得一團糟，所以大家就往右派靠，也就是保守主義那一邊。這麼說起來，其實沒有什麼「左派、右派」，這只是事物發展的方式罷了。有時你需要保守主義，讓經濟基本面的成長和債務保持平衡。然後呢？這樣就會創造出工作和財富，但同時也會限制預算，限制新思考與社會新方案的可能性。所以大家又會跑到另一邊，關注所得分配的狀況，提出一大堆社會計畫和革新方案。歐巴馬時代就是這樣，他帶著民主黨和一些自由派大力推動社會責任。但是現在保守派說：「不行！這樣太過份了，負債太多！我們要停止這種亂七八糟的方式，我們要往另一邊走！」我覺得這一切都很正常。我們這個世界永遠不會只有一條路、一套哲學。人會變、經濟會變，所得分配會變、財富會變，我們要朝著正確方向調整自己的政治模式和哲學。

**阿拉斯泰・坎貝爾**（英國記者、廣播員、政界助理）：

右派通常比較有紀律，組織比較完整。你可能覺得英國獨立黨（UKIP）和保守黨（the Tories）那些人也很爛，但他們跟智庫、媒體和企業界的關係比較好。右派就是有這些內在優勢。相反的，不管是在英國或美國的社會民主派的處境，似乎都比較艱難。

在二〇〇七到二〇〇八年金融危機之後，大家以為許多人會認為資本主義已經行不通，所以會往左派移動。但實際上，大家認為這只是一場災難，所以要更謹慎照顧自己，於是大家就更封閉。你翻開《每日郵報》（*Daily Mail*）就會看到一些惡毒批評，例如最近大肆抨擊政府的援外行動：「不用管那些外國人、國外援助或什麼社區了，快來照顧本國同胞！」我們內心的恐懼感很容易受到搧動。我們在以前希特勒的歷史中看到這點，現在的法拉吉（Farage）、勒龐（Le Pen）、川普和一些同類型的人也會利用恐懼。恐懼很好操縱，希望則很難。我們歐洲過去二十五年聽了很多右派媒體和政客的歪曲陳述，民眾也因此受到誤導，結果大家跟政治漸行漸遠，把政府看成「體制」。但請不要忘記，現在反體制的聲音並不一定都是右派。看看希臘和西班牙，還有最近英國的傑諾米．科賓（Jeremy Corbyn）就知道，這其實不是右派與左派之爭，而是體制與反建制、以及民粹與精英在對打。

**格雷林**（英國哲學家、作家）：

現在的政治狀況顯示，最高票當選這種制度不夠完善。二〇一五年以前我們組成聯合政府，參與執政的夥伴還能約束最大黨，所以各種政策通常會比較理智，也會採取比較中立的路線。但現在的最高票當選制度，「一人多數決」（one-person majority）

選出來的下議院就可以完全推翻所有憲法條文，這實在很糟糕。現在政府已經被自己的右派劫持，而且我們看到狀況愈來愈離譜。黨鞭制和黨籍議員的忠誠就是一個問題。只要下議院議員不受黨「機器」的控制，就算極左派或極右派取得多數席位，也不太可能會有太過極端的措施。回顧第二次世界大戰之後的歷史，也不會看到像現在有這麼多極端的領導人。川普、法拉吉和勒龐這些人在政治光譜中，原本都是站在極端邊緣的少數派，但最近許多因素讓他們有機會站出來。

二〇〇七年的金融危機讓很多中下階層的工人在經濟上陷入困境；從二〇〇八年到現在，他們的處境沒有多大改善，事實上有很多人反而變得更糟。但是最頂端那一小撮人繼續變得更富有，這種貧富不均日益惡化的現象，就像是極度兇猛而危險的政治野獸。在歐洲和美國的政治條件下，移民已經變成問題。很多人談到「移民」，其中包藏著仇外甚至是種族歧視。最近在英國、美國和歐洲的政治活動中，恐怕都曾看到這種態度。中東地區的騷亂，大量難民被迫離鄉背井逃離戰亂與衝突，因此給歐盟多國帶來巨大壓力。你看看飄流到義大利的船民，還有前往希臘和巴爾幹地區的移民，都激起反移民的情緒。移民問題與憂慮經濟陷於停滯，讓民粹派找到機會來搧動那些經濟條件較差的民眾。像法拉吉、川普和勒龐這樣的人都逮到機會，乘勢而起。

## 居伊・伏思達（比利時前首相、歐洲議會議員）：

最近增加很多民粹和民族主義活動，但這並不表示不能改變。要阻止這些活動，我們要先了解原因何在。對於大家的問題，民粹主義政客都迅速答應要提供「簡單的解決辦法」來解決每個人的問題。那些沒有看到全球化帶來的好處，只感受到剝奪與忽視的人，現在看到民粹派提供的快速方法，就相信了他們。可是這些民粹派的承諾很少兌現，你看看英國的脫歐投票，投完票才沒幾個星期，那些鼓吹脫歐的政客就開始撤回承諾，例如原先說國民健保體系可以每週增加三億五千萬英鎊的資金。川普也一樣，當他發現承諾無法兌現，就開始否認。隨著民粹政客的崛起和民族主義的發展，歐洲政治不再是左派和右派的鬥爭，反而是開放社會與封閉社會之間的衝突日益增加。然而，威權專制和懷疑歐盟的極右派日漸獲得支持，再加上民主政治參與的急劇下降，實在讓大家感到憂心。

要打敗這些民族、民粹主義，要先解決全球化帶來的種種擔憂，尤其要破除那種冀求萬靈丹速戰速決的迷思。我認為解決辦法是要用更公平的方式來推展和管理全球化，而不是建立壁壘相互對抗，退回到過去的民族至上，以為閉關自守才能促進繁榮、提升安全和建立公平社會。我們也要精簡政治機構，提升公家機關的透明度。我們要仔細聆聽民眾對全球化的憂慮，但應對方法不該是貿易保護主義，而是塑造出對大家都有好處的全球化。歐盟有能力改造全球化，我們應該要再努力。我們要傾聽民眾關注的議題，不應該嘲笑他們的看法，才能為有效治理提供全新的願景。否則，民族主義將會進一步蔓延。

**劉雲平**（華裔美國眾議員）：

在美國二〇一六年總統大選之前，很明顯的已經分裂成兩個經濟體。如果你擁有大學文憑或更高學歷，可能就過得還不錯或非常好；你可能是在科技、醫療保健、航太工業或金融領域工作。但你如果只有高中學歷或以下，那麼過去二十年來對你大概就是個災難吧。你一定會覺得很生氣，你希望狀況可以變好，但是這整個體制都讓你感到失望。所以後來的大選，不屬於民主黨的伯尼．桑德斯（Bernie Sanders）都能差一點贏得民主黨的初選。為什麼會這樣呢？因為他成功利用那種憤怒，把它引向華爾街的億萬富翁。他差一點就贏了。川普也激起更多憤怒，並且劍指移民和少數族群，結果他贏了！其實川普也不能解決大家的憂慮，沒有把流失的工作帶回來，事實上在跟他民意基礎有關的經濟方面，有許多企業反而裁員了。這些問題非常棘手，有很多是跟自動化和經濟情勢不斷變化有關。可是怪機器人沒有用，於是川普就直接譴責少數族群和移民；就算有人知道事實並非如此，還是需要找個替罪羔羊。我很清楚美國這套體系在很多地方長久以來都失靈了，所以大家都很生氣，都想大力拆解、改建這套體制。

**艾婕．泰梅爾古蘭**（土耳其的新聞記者、作家）**：**

我們有時候看看中東會覺得好像有點問題，但我必須說，我們土耳其的民主搞不好更強大！英國的鮑里斯·強森（Boris Johnson）幾個星期就做到的事情，艾多安（Erdoğan，土耳其總統）要幾十年才做得到。或許我們的民眾有更強的抵抗力。不過，對於中東地區對抗集權專制的抗爭，我還是找不到什麼樂觀的說法，土耳其和中東地區年輕女性用生命爭取民主的抗爭，卻又讓我感到極為振奮和鼓舞。她們勇氣十足，勢不可擋。如果是在歐洲和西方民主國家，只要走上街頭讓大家聽到我們的訴求，事情就結束了。但在我們這裡，要動員組織和操作政治。我們要運用一些老派的政治工具，那些都是重要的方法。我們要露面！要戰鬥！要走上街頭才能改變一些事情。從一九七〇年代以來，談到抗爭、衝突，幾乎成為一種禁忌。這個社會強調共識和共存，並以這種危險的方式馴化了政治。媒體成天只想與脫歐派或川普支持者尋求共識，難怪無力抗衡；這是一場政治鬥爭，不用談禮貌與慈悲。想要捍衛自己權利，就要採取行動！受到壓迫，就要反擊！

---

哲學家尚．皮爾．菲（Jean-Pierre Faye）認為，極左派和極右派並非政治對立的兩個

極端，兩者都是民粹主義的表現。過去十年來，我和國際慈善機構「戰地之中」在世界各地工作，這是在衝突戰亂地區展開慈善工作的機構。世界各地都有迫切的經濟和社會不公不義，再加上氣候變遷、政治貪腐和外交政策的力量，導致整個大環境讓人覺得沒有希望。於是大家憤怒、想要推翻體制，通常就為民粹主義的蓬勃發展創造條件。將這個世界描述為「零和賽局」也沒錯，西方文明的發展讓其他人付出慘痛代價，而這套運作機制也深深植入我們的外交政策裡頭。

## Q 真正推動我們外交政策的是哪些因素？對我們公民有什麼影響？

**諾姆・杭士基**（美國語言學家、政治運動者）：

英國和歐洲的外交政策常常跟隨美國，雖然不是完全如此，但美國畢竟是外交政策的主要推動者。這個外交政策的動力其實也不是什麼祕密。比方說，柯林頓在外交政策上的考量都很清楚明確，他在國會明確展現立場，也就是美國有權片面採取軍事行動，集結盟邦的支持來保護資源和市場，所以美國在軍事上必須超前布署。這也表示需要在歐洲和其他地區設置軍事基地，以保護我們的利益。這裡說的「我們」當然不是指一般美國人，而是政策設計者，主要就是企業的利益。

外交政策的執行有可能危及安全，而且這種狀況其實並不罕見。如果你仔細研究關於伊拉克戰爭的「齊考特調查」（Chilcot），其中英國軍情五處（MI5）的負責人在聽證時說，英美兩國都認為海珊的威脅不大，反而是入侵伊拉克之後可能會引發更多恐怖攻擊。事實上也真的是如此。根據一些準政府機構的統計數字，第一年的國際恐攻就增加七倍之多。所以當時入侵伊拉克的軍事行動，其實是讓侵略國的人民陷入危險。當然，侵略國每次展開軍事行動時都會運用制式新聞稿來提出各種理由，搭配宣揚民主和各種有利的宣傳。

如果戰爭顯然無法輕易的結束，那麼在入侵行動結束時也會明確宣布某些政策。二〇〇七年十一月二日，布希政府發表原則聲明，說未來跟伊拉克的任何協議都必須確保美軍行動不受限制，基本上就是要設立永久性的軍事基地，而且那樣的協議還確保美國投資人在能源系統上的特權。二〇〇八年，布希重申與強調這點，他對國會明白表示，任何限制美國在伊拉克使用武力或干擾美國對伊拉克石油控制的立法，他都不會同意。這個說法既明白又直接。後來是因為伊拉克人反抗，美國才放棄這個目標。這個目標很明確，但跟美國人的安全無關。在其他地方也是一樣，最近有一位巴基斯坦的專家檢討美國在阿富汗和巴基斯坦的政策，也再次發現這些政策其實是大幅增加恐攻威脅，甚至可能上升為核子恐怖行動。他的結論是，美英部隊在阿富汗喪生，其實是讓美國人和英國人更不安全。但是這種事情也不是太稀奇。安全不是國家的優先選項，因為通常還要顧全其他的利益因素。

## Q 為什麼反歐盟情緒在上升？

**湯瑪斯・易維斯**（愛沙尼亞前總統）**：**

大家對現狀總是不滿，這是某種直覺反應。但我們如果理性的思考，那些反歐盟的人要提出一套合理的做法就會比較難。現在這種時候，比較小的國家如果不加入歐盟，就不容易提升經濟或維護安全。他們一定會遭受各種欺凌。俄羅斯特別討厭歐盟，其中一個原因就是他們偏愛跟個別國家發展雙邊關係。但是，俄羅斯建立的雙邊關係都很霸道，甚至對歐盟最大成員國德國也是如此，更別說俄羅斯一直很感興趣的周邊小國。我們在歐洲看到許多退化的情緒反應，例如法國大選期間就很明顯。但如果法國的經濟持續惡化，而且大家去西班牙、德國等鄰國又需要辦理簽證的話，我不知道那些退化情緒又會造成什麼作用。

## Q 全民公投是民主的重要成分嗎？

**阿拉斯泰．坎貝爾**（英國記者、廣播員、政界助理）：

這個問題要從歷史脈絡來看。比方說，如果你住在瑞士，那麼公投就是民意諮詢和最後做決定的方式。這個辦法對他們好像很有效。而我們的強項呢，也是英國常受推崇的優點，就是議會民主制度。當然，各種政治體制都有缺點，但我們這套制度可說是相當完善，一方面是選民代表在政府裡可以代表地方，另一方面，照顧我們利益、為我們做決定的政府也是我們自己選出來的。英國前首相卡麥隆（Cameron）訴諸全民公投的錯誤在於，他不把公投當作是讓英國留在歐盟的策略手段，而只是想利用公投讓英國獨立黨和保守黨右派閉嘴。如果不允許這種議題進行公投表決，等於是說「你不相信民意」，民粹主義者和右派媒體必定會跳腳。這其實不是信任或不信任民意；這是我們全國人民在決定要怎麼選擇統治我們的人，而且我們還要保留權利來驅逐那些不履行職責的人。我認為全民公投實在非常危險。

---

有句話據說是戴高樂說的：「政治太重要，不能留給政客亂搞。」政治當然很重要，而且還很複雜。由於統治管理是一件非常複雜的事，所以制定決策所需要的資訊，在質與量上都不是個人或是小組織團體可以承擔。對於規模較小、相對比較容易預測的群體，全民公投也許可以發揮功效，但對全球化世界中的國家和大陸來說，只會帶來情緒煽動，不

會形成策略成果。這也就是為什麼西方社會缺乏公民教育很危險的原因。

## Q我們要多多參與政治討論嗎？

**比森特・福克斯・克薩達**（墨西哥前總統）：

我們要讓公民多多關心政治，培養更多的知識和參與經驗。比方說，我對英國脫歐非常失望，脫歐公投其實沒有反映出整體民意，對未來的決定毫無代表性。年輕人根本沒出來投票，英國的脫歐運動是由民粹派發動，但他們不知道脫歐的嚴重性，也沒向公民報告英國經濟將要面臨的損失。他們只是站在偏頗的國族立場，誤導選民理解這場公投對英國的意義。瘋狂的川普也像是鼓吹公投似的在選總統。他問大家：「你們想要強大而成功的美國，還是在歐巴馬政府統治下失敗的美國？」這是詭辯，是個陷阱。川普這個假先知很會騙人，讓民眾相信一些錯誤想法。選民自己也要多做準備，篩選和閱讀正確的資訊才能做好決策。可是現在的民主國家連這一點都也做不到。有些民主國家總是提供錯誤的選擇。這些假救世主和假先知正把大家帶進沙漠，最後不知道要流落何方，實在非常危險。

## Q 民主體制如果欠缺公眾認識和參與，會有什麼後果？

**居伊・伏思達**（比利時前首相、歐洲議會議員）：

欠缺公眾參與和民眾覺得權利遭到剝奪，正是現在歐盟面對的關鍵問題。我們民主體制的各方面都要更加透明和負責任，才能吸引公民對體制的興趣，並更加投入。公眾對於民主體制的認知非常重要，公開透明可以讓民眾更容易了解這個體制。從脫歐公投和後續的討論可以明顯看出大家對歐盟和它的運作方式根本不了解。在公投宣傳期間，大家常用一些像是「主權」之類的詞彙，但是對於國會是否表決啟動脫歐條款進入法院訴訟程序時，一些主張脫歐的民眾對此卻是忿忿不平。從表面上來看，這就是他們想要爭取的「國會主權」。所以，重要的是要讓民眾對政治有參與感，了解民主體制的運作，才不會覺得做任何決定都是被欺騙玩弄，也不會有公民權利遭到剝奪的感受，並為此不樂意參與民主活動。

## Q 要怎麼做才能恢復社會與政府的連繫？

**麥可・路易士**（暢銷書《橡皮擦計畫》、《魔球》作者）：

我想可能要讓大家真正感到害怕，才會認真體認到政治參與不足的危機吧。這恐怕是需要經歷一場全國性的災難，也許是傳染病毒、戰爭、金融危機或大蕭條之類的災難。需要發生嚴重的事情，才會刺激民眾的參與感。

---

我們經常使用汽車或電腦，但在它們壞掉之前，往往不了解它們是怎麼運作。等到機

器壞了以後，那些具備機械或電子知識的人就可以拿出工具包開始檢查修理。不過對大多數人來說，打開那些機器也就像是個打開一個自己不理解的黑箱，只能依靠機械師父或技術人員來進行昂貴的維護。政治也一樣。往往要到它崩潰毀壞，大多數民眾才會開始關心。英國脫歐公投刺激了整個世代，他們對這個結果感到失望而採取政治行動，而新冠病毒大流行更凸顯全球政治合作的真正價值，以及在緊密聯繫世界中走向孤立主義是何等的不利。

# Q 權力是什麼？

**摩伊希斯・奈姆**（委內瑞拉記者、作家，曾任世界銀行執行董事）：

政治學家和一般常用的標準定義是，權力是能讓他人現在或將來開始做或停止做某些事情的能力。權力也能創造出某種秩序，讓某些人享受舒適。但是請注意，當大權無所依歸，這個極端狀態就是「無政府」，而無政府狀態是比較差的霍布斯式社會

（Hobbesian society）*；政治組織與實體運用權力施以管制和治理，才能創造穩定與繁榮，無政府狀態只會呈現較差的結果。有些神經科學家甚至認為「權力」的概念是內建在我們的大腦，演化心理學家也同樣認為權力的概念與追求權力都是一種演化特徵和本能。

**詹姆斯．史塔伏瑞迪斯**（美國退役海軍上將）：

廣泛來說，整個社會是由幾個權力中心在運作驅動。首先是人口分布，包括人力資本、族群與人口數量和性質，這些都跟教育水準和生產能力有關。過去也講究軍事權力，但一方面是有些術語現在已經逐漸不再使用了，另一方面是在當前的全球社會中，強權國家大規模武力對抗的可能性已經減少很多了，雖然也不是不可能發生。網路和資訊權力也非常重要，我會將其和「思想」或「消息」權力的概念連結起來，也就是社會運用訊息的力量來影響其他地區的能力。我認為過去幾個世紀以來，西方社會已經能夠散播民主、言論自由、教育自由、集會自由、性別權利、種族平等等觀念。這些權力中心就是你可以產生和散播思想影響他人的能力，這當然很重要。文化力量也很重要，這是社會流行文化，包括：電影、書籍、藝術、戲劇、音樂和運動比賽，在國內和國際上受歡迎的程度。另外則是政治權力，這其實是來自我剛才說的那些關鍵因素。地理和資源權力也很重要，這不僅取決於國家的大小，也跟你擁有多少水資源和能源有關。創新能力也非常重要，這是社會擁有的創新火花。把所有因素加在一起，就決定一個國家對其他國家與組織的影響力有多大。

## Q 公民了解權力對日常生活的影響嗎？

**摩伊希斯．奈姆**（委內瑞拉記者、作家，曾任世界銀行執行董事）：

大家愈來愈意識到權力對生活的影響，看到這種趨勢真是令人鼓舞。這樣的世

＊編注：霍布斯主張強大的國家需由一個強權治理。

界會有更多機會，那些遭到排擠和剝奪的人可以創造自己的未來，改變他們的狀況。在這樣的世界，專制獨裁比較難掌控權力，而那些想要發起政治運動的人，不管是公司企業、宗教團體或非政府組織的人都有機會這麼做。但這不是說集權的情況就不會再發生。有些國家、企業或個人還是擁有巨大的權力。從俄羅斯普丁、高盛公司負責人、《紐約時報》總編輯到Google負責人，或者是中國領導人、教皇方濟各、梵蒂岡、五角大樓、克里姆林宮甚至是山景城（Google總部），這些都是全球巨大的權力中心。但現在這些權力中心也的確比較難以行使權力、維持權力。他們把持權力的能力比過去減少很多。

**詹姆斯．史塔伏瑞迪斯**（美國退役海軍上將）：

絕大多數的民眾都在過自己的日子，他們面對世界的挑戰，有時艱苦、有時歡樂，偶爾也會受到威脅，若不幸投胎在敘利亞這樣的地方，可能面臨極端的悲慘。然而大多數人不會花太多時間關切這些大事，因此領導階層很重要。在民主國家是選擇某個人來為我們操心這些重大問題，我們可能批評或支持他們，或者最後厭倦他們，於是就請他們下台。人民不會花太多時間操心重大的議題，而是把任務交給領導人，他要運用工具來為國家創造成果。

整體而言，民主更可能成為長期的解決方案，為整個國家創造安全閥。如果不實施民主，領導人就無法透過投票選出，那麼你就無法參與或左右其中的利害關係，各種壓迫就會愈來愈大，現在的中國就是如此。中國的民眾對選舉和領導人沒有發言權，但是過去經濟成長率達到兩位數的時候，大家都很滿意，只是，成長漸漸趨緩後累積一大堆債務，加上環境遭到破壞、貧富不均愈來愈嚴重，以及時有所聞的政治貪腐，這些問題一一浮現以後，民眾發現他們沒有安全閥。在沒有民主體制的狀況下，這些難題都會讓社會陷入混亂。雖然中國人可能反駁說民主體制總是亂七八糟，做任何決策都拖拖拉拉，但我還是要請他們注意邱吉爾說的：「民主是最糟糕的政治制度，除了那些我們早已試過不管用的制度。」在民主體制中，權力會比較分散，這使得處於中樞地位的人必須放手，讓人民可以更平等的分享權力。

## Q 大企業對社會有什麼影響？

**諾姆．杭士基**（美國語言學家、政治運動者）：

現在的企業在社會的作用可說勢不可擋，而且我認為這個事實無可爭辯。其實很早以前亞當斯密（Adam Smith）就有類似的觀察，他說英國政策的主要制定者都是商人和製造商，是那些企業組織擁有者，他們只確保自己的利益，不管英國人民受到多慘重的影響。現在的狀況更甚於此，不但有製造商，還有金融機構和跨國公司，權力也更加集中。它們都有舉足輕重的影響力，不僅可能造成傷害，在很多情況下甚至很致命。

以美國來說，企業界一直大肆宣傳，讓民眾以為全球暖化沒有威脅。結果現在大多數人都同意這真的不是問題。企業獻金也是把新的核心團體送進國會的方法，這些人都否認有氣候變遷的問題，並且立法削減「政府間氣候變化專門委員會」（IPCC）和環保署的預算，讓人們可能無法監測溫室氣體效應或採取其他減少溫室氣體排放的行動，這對全球暖化的影響是非常嚴重的威脅。展開這種宣傳運動與出錢贊助破壞環保的政客，就是企業高層推派的。其實他們跟大家一樣，知道全球暖化是非常嚴重的威脅，但是他們著重在組織上的考量。如果你也是企業執行長，那麼你的任務就是要讓短期獲利達到最大。現在這種狀況比過去任何時候還嚴重。我們現在正處於國家資本主義的新階段，未來根本無關緊要，甚至企業能不能永續生存都不重要。只有短期獲利愈來愈重要，如果企業執行長不努力追求短期獲利就會被換掉。這是組織效應，不是因為個人，因此對社會的影響力非常大。事實上，它可能摧毀我們的生存。

## Q 法律在民主概念中有什麼作用？

**伍爾夫**（英國上議院議員）：

法律為民主提供運作架構和組織。民主是由投票勝選的人來立法，但也受到一些安全措施的限制。民主必須在法律之下才能有效運作，民主概念本身就是法治精神的一部分。據此而言，有些社會的民主程序雖然不夠完整，但只要有完善的程序維護法治，還是可以順利運作。我認為沒有法治的民主是行不通的，就算是表面上承認法治都比沒有法治還要好。一個經由民主選舉產生的恐怖組織，與沒有經由選舉產生的恐怖組織一樣糟。這種例子還有很多。我認為民主有一部分就是反映出法治的價值。

**蘇珊・赫爾曼**（美國法律學者）**：**

幾週前我去蓋茲堡（Gettysburg）古戰場，想起林肯的話，他說政府應該是「民有、民治、民享」。我認為，那就是民主概念中最核心的法律精神。首先，法律應該是民有、民治、民享，而且在「正義」之下公平執行（正義對法律應該是不可分割的概念）。這是法律在憲政民主體制中扮演的角色，是達成社會目的之後更進一步的目的。

我發現在討論憲法和美國公民自由聯盟（ACLU）正在進行的一些工作時，如果說我們其實不是真正的民主國家，大家都會覺得很驚訝，特別是在美國。由於憲法為了社會組成而定義及保留的某些原則（先驗協議），並不是按照多數決就可以任意變更，因此就「法治」而言，法律如果違反那些基本原則，就算是多數決通過立法也仍然無效。我認為這對「正義」來說是非常重要的一點，而且這不只是限定於法律或民主，而是憲政民主的重點。民主並不擔保正義，法律也不擔保正義，在這種情況下，正義就需要憲法或類似的東西來保障，把某些價值或原則置於最高、最優先，不會讓多數決為所欲為。我認為這就是法治與暴民政治的區別。

## Q 面對恐怖主義等威脅，國家在自由和安全之間要怎麼平衡？

**伍爾夫**（英國上議院議員）**：**

自由和安全之間必須劃定界線，我們的組織機構擁有權限來劃定不可逾越的界線。我們擁護一些最重要的價值，例如不管在什麼狀況下都禁止嚴刑拷打。這裡頭沒有曖昧不清的灰色地帶，就是禁止嚴刑拷打。同時我們也強調：一定要保護公民。應該說，保護公民就是政府的第一要務。我們只能在有限的範圍內保障那份價值，因此必須運用各種資源截長補短。考慮到政府監控通訊的權力不斷加強，我認為這也是必要的。我們在社會中生活必須限縮一些自己的權利，才能保障其他社會成員的權利。在這之間劃清界限是一件既重要又困難的事。

**蘇珊．赫爾曼（美國法律學者）：**

我認為第一個答案是：有困難！九一一之後，大家對恐攻事件非常驚慌，因此誘使我們放棄一些基本原則來換取安全和保障。那時美國發生許多事情，例如關塔那摩（Guantanamo）虐俘事件*就是對正當程序原則的嚴重侵犯。為什麼不經由公開聽證審理囚犯是否為敵方戰鬥人員，就可以無限期的拘押監禁？我認為這跟正當程序完全背道而馳。在這方面，最高法院即可提供一些幫助，我們為此召開幾次聽證會。我認為他們沒有做到該有的謹慎處理，但這至少是一個開始。由於國會和總統安排種種巧妙的誘惑讓我們放棄很多自由，以為必須進行廣泛監視，並在資料庫保存各種資訊，才能抓到原來無法抓住的恐怖分子，或是以為要限縮用來保障嫌犯的法律，讓政府不必承擔太多的舉證責任，否則就抓不到恐怖分子。

然而，我們都知道這種種安排也帶來意外的結果。由於我們受到誘惑而修訂刑法、布署監視，美國憲法第一修正案的言論、結社和宗教自由也受到打擊。在九一一之後，政府的透明度大幅降低。政府主張「馬賽克理論」(mosaic theory)，認為敵人如果把一些資訊碎片拼湊起來，例如我們如何打擊、防制恐怖活動、正在進行哪些監看行動、監看哪些訊息，就可能遭到利用而帶來危險。敵人會利用這些資訊，因此最好不要跟任何人透露任何消息，全部保密！結果欠缺透明度反而變成一個巨大的問題。

---

民主社會的運作，需要民主體制、法治、人權和民眾的參與。民主制度的歷史可以追溯到十七世紀的英格蘭和一六二八年的權利請願書，從現代民主制度出現以來，在政治制度涉及公民社會、法律本質及其適用範圍，還有人權的尊重和保障要到什麼程度等議題

* 編注：二〇〇二年，美軍在古巴關塔那摩灣興建拘留中心，專門囚禁恐怖嫌疑分子並對其施以暴行。

中，「權力」與「人民」一直處於持續不斷拉鋸的狀態。像是恐怖活動或是二〇二〇年冠狀病毒大流行等狀況，也都在民主體制的主要支柱之間引發權力鬥爭，但是民眾的參與率必須提升，這點至關重要。如果沒有公民參與，權力機制失去制衡了。

# Q 對下個世代有什麼建議？

**巴森瑟姆．尤瑟夫**（埃及喜劇演員、外科醫生和電視節目主持人）：

要質疑一切，而且是公開討論。不要讓任何人指導你的思想。大家都害怕受到質疑，權力也害怕受到質疑。不管你的質疑是透過辯論、喜劇還是運用諷刺來提問，要對所有事情提出質疑。唯有質疑能帶來變革。

**里・卡斯帕洛夫**（俄羅斯西洋棋大師）：

現在有愈來愈多的年輕人對政治產生興趣，這應該要感謝川普。是他喚起大家的注意。「民主」不是理所當然、永遠都不變的東西。美國前總統雷根就這麼說過：「自由，很可能經過一個世代就滅絕了。」我們現在的民主機制早就生鏽，因為大家都以為它會一直這樣自動運作。川普勝選，表示民主政治的許多傳統支柱都陷於危險之中，例如避免利益衝突和分權等議題都是如此。阻止這種衰敗墮落的的唯一方法就是全民參與政治。你可以看看川普剛上任那幾個月，因為完全的無能造成種種混亂。也許正是這種混亂喚醒選民，大家起而反抗民粹主義的惡化。川普也許還不夠聰明，不足以帶動民粹，但在他核心圈裡的人物，像史蒂夫・班農（Steve Bannon）指出真正的問題。不管是法拉吉、勒龐還是班農，他們都指出現在真正的問題，顯示現任政府無法管理國家的窘況。但是他們的解決方法只會讓情況更加嚴重，因此如何以民主進行理性辯論更加重要。

**雅尼斯・瓦魯法克斯**（希臘經濟學家，曾任希臘財政部長）：

我不覺得我們這一代可以提供什麼建議，我們這一代的表現其實很糟，我們共同利益的問題，不是靠技術方法可以解決的。我們不缺乏了解社會的科技，但民主不是聚合體，而是辯證和對話。每次對話時，你都會變成不同的身分；別人的一部分融入你，你的一部分也融入他。民主不是只有投票和計票，還要反映出彼此的思考、熱情和想法。我們要做的是自己可以樂在其中的事情。列寧曾經說過，最終重要的是誰對誰做了什麼事。這一切都和權力和征服有關。政治即是權力關係的征服。

**比森特・福克斯・克薩達**（墨西哥前總統）：

大家都要參與政治，深切認真的參與其中。你們要跟國家一起努力，建立賢能的政府。你們也要發揮創新。我們需要愛因斯坦和牛頓，我們需要不墨守成規而且能創造新事物的人。現在的民主只是未來的胚胎。我們還會看到新的民主結構、新的政府組成方式、新的國會組成方式。現行的體制已經行不通了，我們需要創建新的政黨。我們需要真誠無欺的民主體制，要有誠實說真話的領導人。現在的公眾生活充斥著誤導、欺騙和謊言。大家要坦誠相待，盡心奉獻，發揮創造力。讓我們一起創造真實的新世界，一個沒有貪腐、讓民主體制可以有效運作的世界。

**居伊·伏思達**（比利時前首相、歐洲議會議員）**：**

最重要的是，要記住我們這個時代發生的危機已經不是個別國家可以自行解決的，例如經濟危機、難民危機和反恐鬥爭。唯有各國一起努力，才能解決這些問題，創造更美好的世界。民族主義不會是答案，如果這個趨勢繼續下去，那麼我希望各位年輕人好好研究歐洲過去那段民族主義的歷史，那絕對不是我們都會想要回去的美好時代。我相信，民族主義最後一定會被新世代拒絕，因為那些標榜民族主義的政客根本無法解決現在面臨的挑戰，這些也是全球共同面對的挑戰。所以我想傳達給新世代的訊息是：請多多了解各種不同的文化，一起努力，根據大家共享的價值來找到全球都能運用的解決方法。

---

民主並不是新鮮的事，我們的世界嘗試民主體制已經超過兩千五百年的歷史，但是從權力的管理和分配來看，在現代文明的各種實驗中，民主體制成為主流是頭一遭。現今世界出現的民主危機，多半在於運作的品質，而不在於民主政府的數量。這方面的例子很多，從可疑的選舉是否公正合法，到操縱的事證迫使國家發動戰爭；從川普到印度的總理納倫德拉・莫迪（Narendra Modi），世界上偽民主的專制主義者似乎愈來愈多，他們壓制、迫害反對者，同時又給予其他人足夠的自由，讓他們以為大家都一樣很自由。

巴森瑟姆・尤瑟夫的親身經歷所產生的後果，是被迫逃離自己的國家埃及，只因為他利用喜劇來諷刺和批評政府。他認為民主體制最首要的任務，就是要先保障少數族群和需要幫助的人，這個說法很有道理。民主體制是全民平等的支柱。正如巴森瑟姆所言，除非所有公民在任何狀況下都能受到保護，否則民主還有什麼意義。即使是在自由的西方民主體制之中，我們也不能對此現實視而不見。在「自由」僅屬表面的世界，民主體制的種種越權，包括大規模監控群眾，顯示社會中的自由與民主其實只是相對的，我們也許可以透過投票來選擇領導人，表現出自由與民主的模樣，但這並不是真正的民主。

這種爭取充分自由的觀點，讓我們重新檢視民主是為社區成員平衡利益的妥協設定，然而利益並無法達到真正的平衡，而民主也淪為統治精英（不管是政客或企業）和人民之間的虛假談判，看他們願意放棄哪些自由來換取想要的舒適。我們看到社會嚴重的貧富不均，讓道德的平衡點更加偏斜，讓窮人也盼望可以享有富人的自由，不論是在經濟、社會或政治方面的自由。西方文明的消費主義為此協議提供特殊的基礎，各國人民都生活在安逸舒適之中，逐漸脫離政治參與。消費主義最後成為大腦的麻醉劑。

但西方公民和真正處於獨裁政權下的人不一樣，他們對於影響生活的問題還是會想要辯論、控制和參與。他們的參與感還是受到一些活動的支持，諸如行使投票權、小組討論、上街抗議或其他種種民主活動，都可以獲得一些資訊和機會。所以，如果大家覺得自己也充分參與民主，為什麼還要質疑民主呢？其實我們遇到的只是一個參與的假相。是的，公民有投票權選擇領導人（雖然僅限於那些有錢參與競選的人），也可以針對各種議題進行公投表決，但是我們如果想到過去十年來對西方社會影響最大的重要議題，包括戰爭、銀行紓困、氣候變遷等，請問除了公開抗議表達意見之外，又能怎麼做呢？我相信答案是否定的。只要看看民意測驗和出口民調，就知道民眾對某些議題非常不滿，雖然政客表面上都宣傳會維護公民的最佳利益，事實上卻是微乎其微。

這不是一夜之間就能解決的問題，這種現狀也已經嵌入社會體系的各個基礎，牽涉甚廣。要讓我們的世界實行真正的民主，要從教育開始，最後達到文化上的改革。這也表示公民不僅要深入了解民主的機會和過程，還要朝著更加重視寬容、和平、繁榮與人性尊嚴的文化邁進，不再屈從於無知和教條。居伊．伏思達是比利時第四十七任首相，從二〇一六年以來一直在歐洲議會擔任英國脫歐協調員，這讓他在這場歐洲和平時期的最大危機中進入核心位置。他曾告訴我，現在有很多國家已經無法獨自解決我們面臨的許多危機，不管是我們這個時代的經濟危機、難民危機，甚至是反恐鬥爭，都需要各國一起努力共同面對。他也明確指出當今年輕人要多閱讀歷史，才會了解歐洲現在又倒退回到民族主義的潛在後果會是多麼嚴重。

大衛・艾森豪（David Eisenhower）*曾說：「長期來看，民眾比政府更熱衷於推動和平。我認為大家都真的很希望和平，所以現在的政府最好不要阻擋，讓大家擁有和平。」但是要做到這一點，大家要先有共識，願意同心協力，了解社會意識與自私自利在大多數狀況下並不相容。了解為了換取一些抽象的安全，我們放棄自由和全世界幾十億人的自由，因此喪失所有道德制高點，也失去我們社會對自由的任何主張。

* 編注：美國作家、公共政策研究員、賓夕法尼亞大學教授。

# 訪談者簡介

◈**格雷林教授（Professor A. C. Grayling）**：英國哲學家兼作家，新人文學院院士，也是牛津聖安妮學院（St Anne's College）特聘研究員。

◈**劉雲平**：美國政壇人士，二〇一五年起爲加州第三十三選區衆議員，曾在美國空軍軍法署服役，二〇〇〇年後曾在美國空軍後備司令部任職。

◈**巴瑟姆・尤瑟夫（Bassem Youssef）**：埃及喜劇演員、作家、製片人、外科醫生和電視節目主持人。曾受美國節目《每日秀》（The Daily Show）啟發，在二〇一一年至二〇一四年主持新聞性諷刺節目《El-Benameg》。曾獲選二〇一三年《時代》雜誌全球百大影響人物。

◈**加里・卡斯帕洛夫（Garry Kasparov）**：俄羅斯西洋棋大師、作家和政治運動者。從國際棋壇退役之後致力於寫作和政治活動，對普丁的諸多政策提出異議。

◈**諾姆・杭士基（Noam Chomsky）**：美國學者和政治運動者，在語言學、哲學、認知科學和歷史學等研究深入。他是麻省理工學院的榮譽教授、亞利桑那大學講座教授，出版過一百多本書，畢生榮獲多項榮譽，包括美國和平獎。

◆ **麥可・路易士（Michael Lewis）**：美國銷暢書作家，包括《橡皮擦計畫》（*The Undoing Project*）、《老千騙局》（*Liar's Poker*）、《快閃大對決》（*Flash Boys*）、《魔球》（*Moneyball*）、《攻其不備》（*The Blind Side*）、《假裝是個好爸爸》（*Home Game*）、《大賣空》（*The Big Short*）。

◆ **艾婕・泰梅爾古蘭（Ece Temelkuran）**：土耳其的新聞記者、作家和活動主持人。過去曾在《國民日報》（*Milliyet*）和《土耳其新聞報》（*Habertürk*）負責撰寫專欄，後因批評政府而遭《土耳其新聞報》開除。

◆ **比森特・福克斯・克薩達（Vicente Fox Quesada）**：橫跨墨西哥政商兩界，曾任墨西哥第五十五任總統。總統卸任後曾參與創立比森特・福克斯研究中心、圖書館和博物館。

◆ **阿拉斯泰・坎貝爾（Alastair Campbell）**：英國的新聞記者、廣播員、政界助理和作家，曾在唐寧街擔任多項職務，包括唐寧街通訊處主任和工黨發言人。

◆**居伊・伏思達（Guy Verhofstadt）**：比利時政壇人士，一九九八年至二〇〇八年擔任比利時第四十七任首相。一九八五年至一九九二年擔任副首相兼預算大臣，二〇〇九年開始代表比利時擔任歐洲議會議員。

◆**湯瑪斯・易維斯（Toomas Hendrik Ilves）**：愛沙尼亞政治家，在二〇〇六年至二〇一六年間擔任第四任總統。之前曾任外交官、新聞記者及社會民主黨領導人。

◆**摩伊希斯・奈姆（Moisés Naím）**：委內瑞拉的記者和作家，曾擔任委國貿易工商部長、世界銀行執行董事，卡內基國際和平基金會的傑出會員。從二〇一二年以來每週主持電視新聞節目《Efecto Naím》。

◆**上議院伍爾夫議員（Lord Woolf）**：英國終身貴族、大律師及退休法官。曾擔任多項公職，包括卷宗保管主事官、英格蘭暨威爾士首席大法官和法院院長等。現爲上議院中立議員（cross-bencher）。

◆**蘇珊・赫爾曼（Susan Herman）**：美國法律學者，美國公民自由聯盟主席，從一九八〇年以來都在布魯克林法學院執教。

◈**雅尼斯・瓦魯法克斯（Yanis Varoufakis）**：希臘經濟學家、大學教授、哲學家也是政壇人士，曾任希臘財政部長，是左派政黨「歐洲現實不服從陣線」（MeRA25）的創辦人兼祕書長。出版多本著作，並在二〇一八年和美國參議員伯尼・桑德斯一起創辦左派組織「進步國際」（Progressive International）。

國家圖書館出版品預行編目(CIP)資料

思想經濟學：當代136位精英的思想交鋒 / 維卡斯.夏哈(Vikas Shah)著；陳重亨譯. -- 第一版. -- 臺北市：遠見天下文化出版股份有限公司, 2021.11
400面；14.8×21公分. -- (財經企管；BCB751)
譯自：Thought economics : conversations with the remarkable people shaping our century.

ISBN 978-986-525-355-4(平裝)

1.世界傳記

781.05　　110017463

財經企管 BCB751

# 思想經濟學
## 當代 136 位精英的思想交鋒
## Thought Economics: Conversations with the Remarkable People Shaping Our Century

作者 — 維卡斯・夏哈（Vikas Shah）
譯者 — 陳重亨

總編輯 — 吳佩穎
書系主編 — 蘇鵬元
責任編輯 — 賴虹伶
封面設計 — 倪旻鋒

出版者 — 遠見天下文化出版股份有限公司
創辦人 — 高希均、王力行
遠見・天下文化事業群　董事長 — 高希均
事業群發行人／CEO — 王力行
天下文化社長 — 林天來
天下文化總經理 — 林芳燕
國際事務開發部兼版權中心總監 — 潘欣
法律顧問 — 理律法律事務所陳長文律師
著作權顧問 — 魏啟翔律師
社址 — 台北市 104 松江路 93 巷 1 號
讀者服務專線 —（02）2662-0012 ｜傳真 —（02）2662-0007；2662-0009
電子郵件信箱 — cwpc@cwgv.com.tw
直接郵撥帳號 — 1326703-6 號　遠見天下文化出版股份有限公司

電腦排版 — 立全電腦印前排版有限公司
製版廠 — 東豪印刷事業有限公司
印刷廠 — 柏皓彩色印刷有限公司
裝訂廠 — 台興印刷裝訂股份有限公司
登記證 — 局版台業字第 2517 號
總經銷 — 大和書報圖書股份有限公司｜電話 — (02)8990-2588
出版日期 — 2021 年 11 月 30 日第一版第一次印行



定 價 — 新台幣 480 元
ISBN — 978-986-525-355-4 | EISBN — 9789865253592（EPUB）；9789865253561（PDF）
書 號 — BCB751
天下文化官網 — bookzone.cwgv.com.tw

天下文化
BELIEVE IN READING